MES maxi FICHES POUR LE BREVET

NOUVEAU BREVET

Pour réviser vite et bien !

Physique-Chimie
SVT
Technologie

3^e

W0321238

Sous la direction de Nicolas Coppens

- **Physique-Chimie**
  Nicolas Coppens
  Olivier Doerler
- **SVT**
  Laurend Lafond
- **Technologie**
  Sébastien Guivarc'h
  Arnaud Lopin

Nathan

Réalisation éditoriale : Roseline Messager
Édition : Fanny Morquin
Conception graphique intérieur : Julie Lannes
Schémas : Corédoc
Composition : Linéale
Couverture : Noir & Blanc

© Nathan 2017, 25 avenue Pierre-de-Coubertin, 75013 Paris
ISBN : 978-2-09-150328-8

Sommaire

Lue Relue Apprise

Méthodologie

Physique-Chimie

SVT

Sommaire

Lue | Relue | Apprise

Technologie

© Nathan 2017 – Mes Maxi Fiches ABC

Sommaire

Crédits photographiques :

p. 22 NASA/JPL p. 26 CIEL ET ESPACE/AAO/D. Malin p. 38 F. Hanoteau p. 46 COSMOS/SPL p. 48 BSIP/ted Kinsman p. 54 d COSMOS/SPL p. 54 g AGE FOTOSTOCK/John Cancalosi p. 58 AFP/Jean-Pierre Clatot p. 74 Pour la Science/Bibliothèque pour la Science/L'évolution/1980 p. 90 DR p. 94 Laboratoire Ampère (CNRS 5005) p. 102 RF Limited/mipan p. 106 ISTOCK/Ivan Strba p. 126 F. Hanoteau.

Présentation de l'épreuve du brevet

1

Lue Relue Apprise

mes notes

1 Organisation de l'épreuve de Mathématiques, de Physique-Chimie, de SVT et de Technologie

A Durée et structure de l'épreuve

- **Cette épreuve écrite est composée de deux parties**, séparées par une pause de quinze minutes :
  - une première partie, d'une durée de **deux heures**, porte sur le programme de **Mathématiques** ;
  - une seconde partie, d'une durée d'**une heure**, porte sur l'une des trois combinaisons suivantes : Physique-Chimie/SVT ou Physique-Chimie/Technologie ou SVT/Technologie.

À savoir

La commission nationale d'élaboration des sujets détermine, à chaque session, les deux disciplines sur les trois (Physique-Chimie, SVT, Technologie) qui sont évaluées, sur 25 points chacune, lors de cette deuxième partie de l'épreuve.

B Notation de l'épreuve

- **L'épreuve est notée sur 100 points**, répartis de la façon suivante :
  - **50 points** pour la partie Mathématiques ;
  - **50 points** pour la partie Physique-Chimie/SVT/Technologie.

C Critères d'évaluation de l'épreuve

- **Vous devez être capable** :
  - de pratiquer différents langages (textuel, symbolique, schématique, graphique) pour observer, raisonner, argumenter et communiquer ;
  - de maîtriser les compétences développées dans les fiches suivantes ;
  - d'exploiter des données chiffrées et/ou expérimentales ;
  - d'analyser et de comprendre un document en utilisant des raisonnements, des méthodes et des modèles pertinents ;
  - d'appliquer les principes élémentaires de l'algorithmique et du codage à la résolution d'un problème simple.

Remarque

Les compétences attendues en Physique-Chimie, SVT et Technologie sont développées dans la suite de cet ouvrage. Pour les compétences en Mathématiques, voir les fiches de Mathématiques dans la même collection.

mes notes

2 Méthode pour réussir cette épreuve

A Comment s'organiser durant l'épreuve ?

- **Prenez le temps de lire l'intégralité du sujet** avant de commencer.
- **Commencez par les questions avec lesquelles vous êtes le plus à l'aise.**
- **Gérez correctement votre temps.** Prévoyez de garder un peu de temps pour la relecture des copies à la fin de l'épreuve.

B Comment aborder les différents exercices ?

- Les questions peuvent demander une **réponse rédigée ou prendre la forme de questionnaires à choix multiples**.
- Quelle que soit la forme proposée, l'évaluation peut porter sur les **connaissances** et/ou sur leur utilisation, ainsi que sur la mise en œuvre d'un **raisonnement**.

Astuce

Dans le cas d'un QCM, lisez bien la consigne pour savoir s'il y a une ou plusieurs bonnes réponses acceptées.

- **Si la question posée nécessite uniquement l'utilisation de documents**, présentez d'abord les observations qui vous serviront d'arguments et terminez par votre interprétation.
- **Si la question posée exige une mise en relation des documents avec les connaissances**, utilisez d'abord les documents en les décrivant précisément, puis interprétez-les à l'aide de vos connaissances.
- **Si la question est une restitution de connaissances** ou nécessite un raisonnement sans s'appuyer sur des documents, soyez le plus clair et le plus précis possible.

Gagnez des points !

Ne récitez pas systématiquement votre cours pour étoffer votre réponse. Des réponses courtes permettent d'éviter le hors-sujet.

C Comment présenter les copies ?

- **Rédigez chaque partie sur une copie distincte par discipline**, car des enseignants de trois matières différentes corrigent cette épreuve.
- **Indiquez le titre de la partie traitée et précisez bien le numéro de la question** (surtout si vous n'avez pas répondu aux questions dans l'ordre) afin d'éviter les erreurs.
- **Écrivez lisiblement et soulignez à la règle les mots importants.** Si votre écriture est difficile à lire, essayez d'aérer votre devoir, de soigner votre typographie et de bien séparer les lettres.

© Nathan 2017 – Mes Maxi Fiches ABC

États de la matière

2

☒ Lue ☐ Relue ☐ Apprise

mes notes

1 Retenir l'essentiel

A Espèces chimiques

- **À l'échelle microscopique, la matière est constituée d'espèces chimiques.**

Exemples : l'eau est constituée de molécules d'eau, les molécules d'eau sont des espèces chimiques ; une canette de soda est constituée d'atomes d'aluminium, les atomes d'aluminium sont des espèces chimiques.

B Corps purs et mélanges

- **Un corps pur est constitué d'une seule espèce chimique.** Un corps pur peut contenir plusieurs types d'atomes.

Exemple : l'eau pure ne contient que des molécules d'eau.

- **Un mélange contient plusieurs espèces chimiques différentes.**

Exemple : une eau minérale contient des molécules d'eau, mais aussi de nombreuses autres espèces chimiques (les minéraux).

corps pur = une solut

mélange = plusieurs solu

C États physiques de la matière

- **Les solides : l'état solide est compact et ordonné.** Les différentes espèces chimiques qui constituent le solide sont proches les unes des autres et immobiles.
- **Les liquides : l'état liquide est compact et désordonné.** Les différentes espèces chimiques qui constituent le liquide sont proches les unes des autres, mais se déplacent.
- **Les gaz : l'état gazeux est dispersé et désordonné.** Les différentes espèces chimiques qui constituent le gaz sont éloignées les unes des autres et agitées.

Conséquence

- **Un solide** a un volume et une forme propres.
- **Un liquide** a un volume propre, mais il prend la forme du récipient qui le contient.
- **Un gaz** n'a pas de volume ni de forme propres, son volume et sa forme sont ceux du récipient qui le contient.

mes notes

2 Application : analyse d'un document

DOC Des billes et des grains de poussière aux états de la matière

Afin de mieux comprendre les différents états de la matière, il est parfois plus facile de raisonner sur des représentations de ces états. Pourquoi ne pas imaginer des grains de poussière qui dansent dans un rayon de soleil ?
Des billes immobiles, bien rangées, déposées dans un bocal qu'elles remplissent ?
Ou au contraire des billes enfermées dans un petit sac en tissu, qui glissent les unes sur les autres lorsque l'on déforme le sac ?

Cochez la ou les bonnes réponses.

1. Les grains de poussière permettent de représenter l'état :
a. ☐ solide b. ☐ liquide c. ☒ gazeux

2. Les billes immobiles et bien rangées permettent de représenter l'état :
a. ☒ solide b. ☐ liquide c. ☐ gazeux

3. Les billes qui glissent les unes sur les autres dans le sac déformé permettent de représenter l'état :
a. ☐ solide b. ☒ liquide c. ☐ gazeux

Mémo'Quiz

1. Un mélange :
- a) ☐ contient une seule espèce chimique
- b) ☒ contient plusieurs espèces chimiques
- c) ☐ est un corps pur

2. L'état de la matière qui possède une forme et un volume propres est :
- a) ☒ l'état solide
- b) ☐ l'état liquide
- c) ☐ l'état gazeux

3. Dans un gaz, les différentes espèces chimiques sont :
- a) ☐ proches et en mouvement désordonné
- b) ☒ éloignées et en mouvement désordonné
- c) ☒ dispersées et en mouvement désordonné

→ corrigés p. 127

© Nathan 2017 – Mes Maxi Fiches ABC

Changements d'état

3

☒ Lue ☐ Relue ☐ Apprise

mes notes

1 Retenir l'essentiel

A Changements d'état d'un corps pur

- **Un corps pur est constitué d'espèces chimiques identiques**, quel que soit son état physique : solide, liquide ou gazeux.

  Exemple : l'eau à l'état liquide, solide (glace) ou gazeux (vapeur) contient des molécules d'eau identiques.

- **La fusion d'un corps est le passage de l'état solide à l'état liquide** de ce corps.

  Exemple : la fusion de l'eau solide correspond à la fonte de la glace.

- **La vaporisation d'un corps est le passage de l'état liquide à l'état gazeux** de ce corps.

  Exemples : si on chauffe de l'eau pour qu'elle passe de l'état liquide à l'état gazeux, on parle de vaporisation par ébullition. Sous l'effet du Soleil, les eaux de surface peuvent passer à l'état gazeux en étant chauffées plus modérément, on parle de vaporisation par évaporation.

- **La liquéfaction d'un corps est le passage de l'état gazeux à l'état liquide** de ce corps.
- **La solidification d'un corps est le passage de l'état liquide à l'état solide** de ce corps.

B Les propriétés des changements d'état

- **Les températures de changement d'état sont caractéristiques d'un corps pur dans les conditions de l'expérience.**

  Exemple : les températures de changement d'état de l'eau pure sous pression atmosphérique normale sont : $T_{\text{solidification}} = 0\ °C$; $T_{\text{ébullition}} = 100\ °C$.

Attention !
Si le corps n'est pas pur, les températures de changement d'état varient.

- **Durant un changement d'état, la masse du corps se conserve, mais son volume varie.**
- Un changement d'état s'explique au niveau microscopique par une évolution de l'organisation des espèces chimiques.
- **Les changements d'état s'accompagnent de transferts d'énergie.**

mes notes

2 Application : analyse d'un document

DOC Étudier des changements d'état

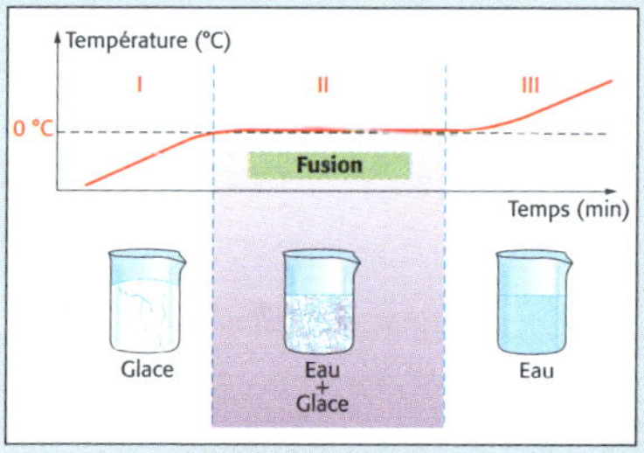

On souhaite étudier expérimentalement le changement d'état de différents corps. On dispose d'un bécher de glace à – 5 °C, d'un thermomètre avec sa sonde de température et d'un chronomètre. On place la sonde dans le bécher contenant la glace et on déclenche simultanément le chronomètre. On relève ensuite l'évolution de la température au cours du temps et on représente la courbe ci-dessus.

Un expérimentateur souhaite adapter ce protocole à la détermination de la température d'ébullition d'une solution contenant de l'éthanol.
Données : pour l'éthanol pur, dans les conditions de l'expérience, $T_{\text{Fusion}} = -114$ °C et $T_{\text{Ébullition}} = 78$ °C.

Cochez la ou les bonnes réponses.

1. À température ambiante (20 °C), l'éthanol est dans un état :
a. ❑ solide b. ☒ liquide c. ❑ gazeux

2. L'expérimentateur relève une température d'ébullition de 78 °C. La solution est composée :
a. ☒ d'éthanol pur b. ☑ de plusieurs espèces c. ❑ d'eau pure

Mémo'Quiz

1. La fusion d'un corps est le passage de l'état :
a) ❑ solide à l'état gazeux b) ☒ solide à l'état liquide
c) ☑ liquide à l'état gazeux

2. Durant un changement d'état :
a) ❑ la masse du corps et son volume varient
b) ☒ la masse du corps est constante, mais son volume varie
c) ☒ la masse du corps est constante et il y a des transferts d'énergie

→ corrigés p. 127

© Nathan 2017 – Mes Maxi Fiches ABC

Masse volumique

4

☒ Lue ☐ Relue ☐ Apprise

mes notes

1 Retenir l'essentiel

A Définition

● **La masse volumique ρ d'une espèce chimique est le quotient de la masse *m* d'un échantillon par son volume *V*, $\rho = \frac{m}{V}$,** avec :

– *m* en kilogrammes (kg) ;
– *V* en mètres cubes (m^3) ;
– ρ en kilogrammes par mètre cube (kg/m^3).

Exemples : la masse volumique de l'eau liquide est de 1 000 kg/m^3 ; la masse volumique du mercure liquide est de 13 600 kg/m^3.

Attention !

Dans la formule mathématique permettant de calculer la masse volumique ρ, la masse *m* et le volume *V* correspondent à la masse et au volume d'une même espèce chimique.

● **La masse volumique peut s'exprimer dans d'autres unités.** Dans ce cas, les unités de la masse *m* et du volume *V* doivent être cohérentes.

Exemple : la masse volumique de l'eau liquide est aussi de 1 g/cm^3, mais dans ce cas, la masse *m* est en grammes (g) et le volume *V* en centimètres cubes (cm^3) dans la relation $\rho = \frac{m}{V}$.

● **Si on connaît la masse volumique d'un corps et son volume, on peut calculer sa masse : $m = \rho \times V$.**

Exemple : la masse d'un volume $V = 2$ m^3 d'eau liquide est égale à $m = 1\,000 \times 2 = 2\,000$ kg.

● **Si on connaît la masse volumique d'un corps et sa masse, on peut calculer son volume : $V = \frac{m}{\rho}$.**

Exemple : le volume d'une masse $m = 3\,000$ kg d'eau liquide est égal à $V = \frac{3\,000}{1\,000} = 3$ m^3.

B Identification d'un corps pur

● **La masse volumique est caractéristique d'un corps pur dans un état physique donné.** Elle permet ainsi d'identifier ce corps.

Exemples : une masse volumique de 0,789 kg/m^3 permet d'identifier l'éthanol à l'état liquide ; une masse volumique de 8 920 kg/m^3 permet d'identifier le cuivre à l'état solide.

mes notes

2 Application : analyse d'un document

DOC Déterminer expérimentalement une masse volumique

On souhaite vérifier expérimentalement la masse volumique d'un objet en fer.
On commence par déterminer la masse *m* de l'objet à l'aide d'une balance. On place ensuite un volume d'eau connu dans une éprouvette graduée adaptée et on plonge l'objet dans l'éprouvette. La variation de volume observée correspond au volume *V* de l'objet.
On calcule ensuite la masse volumique.

Cochez la ou les bonnes réponses.

1. La masse volumique ρ de l'objet est égale à :

a. ❑ $\rho = m \times V$ b. ❑ $\rho = \frac{V}{m}$ c. ☒ $\rho = \frac{m}{V}$

2. La masse volumique ρ du fer solide pur est égale à 8,0 kg/L. La masse de l'objet est de 100 g. La variation de volume *V* observée dans l'éprouvette vaut donc, en litres :

a. ☒ $V = \frac{0{,}100}{8{,}0} = 1{,}3 \times 10^{-2}$ L

b. ❑ $V = \frac{100}{8{,}0} = 1{,}3$ L

c. ❑ $V = \frac{8{,}0}{0{,}100} = 80$ L

Mémo'Quiz

1. La masse d'une espèce chimique donnée est :
a) ☒ proportionnelle à son volume
b) ❑ l'inverse de son volume
c) ❑ égale à son volume

2. La masse volumique peut s'exprimer en :
a) ☒ g/L b) ❑ L/g c) ❑ g · L

3. La masse volumique d'un mélange d'eau sucrée liquide :
a) ☒ n'est pas la même que la masse volumique de l'eau liquide
b) ☒ n'est pas la même que la masse volumique du sucre solide
c) ❑ est la même que la masse volumique du sucre solide

→ corrigés p. 127

© Nathan 2017 – Mes Max Fiches ABC

Solubilité

5

☒ Lue ☐ Relue ☐ Apprise

mes notes

1 Retenir l'essentiel

A Solubilité et miscibilité

- **Une solution est un mélange liquide homogène.**
- **Les solutés sont les espèces chimiques dissoutes** dans un liquide.
- **Le solvant est la solutio,n dans laquelle les solutés sont dissous.** Si le solvant est l'eau, on parle de **solution aqueuse**.
- **Un corps est soluble dans un solvant si le mélange obtenu**, la solution, **est homogène.**
- **La solubilité d'une espèce chimique dans un solvant est la masse maximale de cette espèce que l'on peut dissoudre dans un litre de solution** : elle s'exprime en grammes par litre (**g/L**) et dépend de la température. Si on atteint la masse maximale de soluté que l'on peut dissoudre, on dit que la solution est saturée.
- **Deux liquides sont miscibles si le mélange de ces deux liquides est homogène.**

  Exemple : le mélange de l'eau et de l'éthanol est homogène, l'eau et l'éthanol sont miscibles.

Vocabulaire

- Un mélange de liquides homogène ne contient qu'une seule phase.
- Un mélange de liquides hétérogène contient plusieurs phases distinctes.

- **Deux liquides ne sont pas miscibles si le mélange de ces deux liquides est hétérogène.**

  Exemple : le mélange de l'eau et de l'huile est hétérogène, l'eau et l'huile ne sont pas miscibles.

- **Pour séparer les constituants d'un mélange liquide hétérogène, on utilise une ampoule à décanter.**

B Dissolution de gaz dans l'eau

- **L'air est un mélange,** essentiellement composé de 78 % de diazote, 21 % de dioxygène et de 1 % d'autres gaz.
- **La solubilité d'un gaz dans l'eau dépend de la nature du gaz et de paramètres physiques.**

  Exemple : la solubilité du dioxyde de carbone dans une eau minérale pétillante dépend de la pression du gaz dans la bouteille.

mes notes

2 Application : analyse d'un document

DOC Adaptation des organismes aux altitudes élevées

La pression atmosphérique et la solubilité du dioxygène dans le sang diminuent quand on s'élève en altitude. Le graphique ci-dessous représente l'évolution de la solubilité du dioxygène dans le sang en fonction de la pression atmosphérique

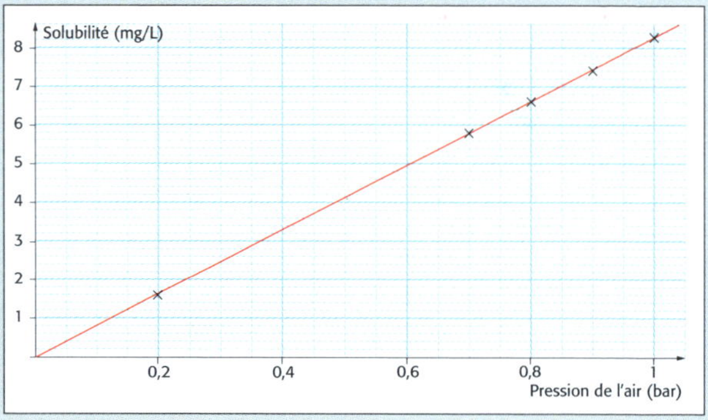

Cochez la ou les bonnes réponses.

1. Quelle serait la valeur de la solubilité du dioxygène dans le sang si la pression atmosphérique était de 0,50 bar ?

a. ☒ 4,1 mg/L b. ☐ 0,50 mg/L c. ☐ 0 mg/L

2. La pression atmosphérique moyenne est de 1,0 bar au niveau de la mer et de 0,20 bar au sommet de l'Everest. Si un alpiniste passait directement du niveau de la mer au sommet de l'Everest, la solubilité du dioxygène dans son sang serait :

a. ☐ multipliée par 5 b. ☒ divisée par 5 c. ☐ inchangée

Mémo'Quiz

1. La solubilité d'une espèce chimique dans de l'eau est :

a) ☐ toujours élevée b) ☐ toujours faible
c) ☒ différente suivant les espèces chimiques

2. L'air est :

a) ☒ un mélange b) ☒ surtout constitué de diazote
c) ☐ surtout constitué de dioxygène

→ corrigés p. 127

© Nathan 2017 – Mes Maxi Fiches ABC

Identification d'une transformation chimique

6

☒ Lue ☐ Relue ☐ Apprise

mes notes

1 Retenir l'essentiel

A Molécules, atomes et ions

- **La matière est constituée de particules extrêmement petites : les atomes.**
- **Les atomes sont représentés par un symbole chimique** : une lettre majuscule parfois suivie d'une minuscule.
- **L'atome est constitué d'un noyau et d'électrons** en mouvement autour du noyau. La charge électrique négative des électrons compense la charge positive du noyau, donc **l'atome est électriquement neutre.**
- **Une molécule est un assemblage d'atomes.** Elle est représentée par une formule chimique qui indique le nom des atomes qui la constituent et leur nombre.
- Dans la formule chimique d'une molécule, le nombre d'atomes d'une même sorte est écrit en indice à droite du symbole de l'atome correspondant.

  Exemple : H_2O est la formule chimique de la molécule d'eau. Cette molécule contient 2 atomes d'hydrogène et 1 atome d'oxygène.

- **Un ion positif est un atome qui a perdu 1, 2 ou 3 électrons.**
- **Un ion négatif est un atome qui a gagné 1, 2 ou 3 électrons.**

Attention !

Les atomes et molécules sont électriquement neutres, tandis que les ions portent toujours une charge électrique.

B Identification et interprétation d'une transformation chimique

- **Dans une transformation chimique, il y a redistribution des atomes** qui constituent les réactifs pour former de nouvelles molécules ou de nouveaux ions nommés produits.
- **Les ions peuvent être mis en évidence grâce à des tests caractéristiques.**
- **Au cours d'une transformation chimique, la masse totale se conserve** : la valeur de la masse des réactifs disparus est égale à la valeur de la masse des produits formés.

mes notes

2 Application : analyse d'un document

DOC Combustion du méthane dans le dioxygène

Les réactions de combustion contribuent à augmenter les rejets dans l'atmosphère de dioxyde de carbone ($CO_{2(G)}$), qui est un gaz à effet de serre. On donne l'équation de la combustion du méthane dans le dioxygène :

$$CH_{4(G)} + 2\,O_{2(G)} \rightarrow CO_{2(G)} + 2\,H_2O_{(L)}$$

Cochez la ou les bonnes réponses.

1. Dans cette réaction chimique, le dioxyde de carbone est :
a. ☒ un produit b. ☐ un réactif c. ☐ consommé

2. Dans cette réaction chimique, toutes les espèces chimiques sont :
a. ☐ des gaz b. ☐ des liquides c. ☒ des molécules

3. La molécule de dioxyde de carbone contient :
a. ☐ 1 atome de carbone et 1 atome d'oxygène
b. ☐ 2 atomes de carbone et 2 atomes d'oxygène
c. ☒ 1 atome de carbone et 2 atomes d'oxygène

Mémo'Quiz

1. Une molécule est constituée :
a) ☒ d'un ou de plusieurs atomes
b) ☐ de plusieurs ions
c) ☐ d'un seul atome

2. La molécule d'acide ascorbique de formule $C_6H_8O_6$:
a) ☒ est électriquement neutre
b) ☐ ne contient pas d'atomes
c) ☒ contient 6 atomes de carbone, 8 d'hydrogène, 6 d'oxygène

3. Dans une transformation chimique, la masse totale des produits :
a) ☐ est inférieure à la masse des réactifs
b) ☒ est égale à la masse des réactifs
c) ☐ est supérieure à la masse des réactifs

→ corrigés p. 127

© Nathan 2017 – Mes Maxi Fiches ABC

Propriétés acido-basiques d'une solution

7

☒ Lue ☐ Relue ☐ Apprise

mes notes

1 Retenir l'essentiel

A Le pH et sa mesure

- **Le pH est un nombre sans unité compris entre 0 et 14.**
- **Il est possible de mesurer le pH d'une solution** à l'aide de **papier pH** ou d'un **pH-mètre.**

Astuce

Il est souvent judicieux d'intercaler la couleur du papier pH entre deux couleurs indiquées sur la boîte. On obtient ainsi un encadrement du pH.

- **Une solution est acide si son pH est inférieur à 7, neutre si son pH est égal à 7, basique si son pH est supérieur à 7.**

Exemple : le pH du vinaigre est voisin de 3, c'est une solution acide.

B Les ions H^+ et HO^-

- **Le pH d'une solution dépend des quantités respectives d'ions hydroxyde HO^- et hydrogène H^+.**

Exemple : une solution acide contient plus d'ions hydrogène que d'ions hydroxyde, tandis qu'une solution basique contient plus d'ions hydroxyde que d'ions hydrogène.

C Réactions entre les solutions acides et basiques

- **Une solution acide et une solution basique peuvent réagir** pour former durant la transformation chimique de nouvelles espèces.

Remarque

Durant la réaction entre un acide et une base, le pH varie. Les quantités d'ions hydroxyde et hydrogène varient donc également.

D Réactions entre les solutions acides et les métaux

- **Les solutions acides peuvent réagir avec certains métaux** en formant notamment du gaz dihydrogène $H_{2(G)}$.

Exemple : réaction de l'acide chlorhydrique avec le fer. La solution d'acide chlorhydrique contient les ions H^+ et Cl^-, ce sont les ions H^+ qui réagissent avec les atomes de fer : $2H^+ + Fe_{(S)} \rightarrow H_{2(G)} + Fe^{2+}$.

- **Si on approche une allumette enflammée de l'ouverture d'un tube contenant du dihydrogène, une petite détonation caractéristique du dihydrogène se produit.**

mes notes

2 Application : analyse d'un document

DOC **Puits de pétrole dans la mer du Nord**

L'acide chlorhydrique réagit avec le calcaire en provoquant un dégagement de dioxyde de carbone. Cette propriété est utilisée pour augmenter la production de puits de pétrole de la mer du Nord. L'acide élargit les passages d'écoulement du pétrole en dissolvant les formations de calcaire et de grès. On ajoute différents produits chimiques pour limiter la réaction et empêcher l'attaque du matériel de forage par l'acide.

Cochez la ou les bonnes réponses.

1. Le pH de la solution d'acide chlorhydrique est :
a. ☐ supérieur à 7
b. ☐ égal à 7
c. ☒ inférieur à 7

2. La solution d'acide chlorhydrique contient :
a. ☒ plus d'ions H^+ que d'ions HO^-
b. ☐ plus d'ions HO^- que d'ions H^+
c. ☐ autant d'ions H^+ que d'ions HO^-

3. Le matériel de forage pourrait être attaqué par l'acide, car :
a. ☒ il contient probablement du fer
b. ☐ il est constitué d'une base
c. ☐ il contient du calcaire

Mémo'Quiz

1. Une solution de pH = 9 :
a) ☒ est une solution basique
b) ☐ contient plus d'ions H^+ que d'ions HO^-
c) ☒ contient plus d'ions HO^- que d'ions H^+

2. Une solution basique subira une réaction chimique si on lui ajoute :
a) ☐ une solution basique
b) ☒ une solution acide
c) ☑ une solution contenant des ions hydrogène

→ corrigés p. 127

© Nathan 2017 – Mes Maxi Fiches ABC

Structure de l'Univers et du système solaire

8

☒ Lue ☐ Relue ☐ Apprise

mes notes

Mon Vieux Toutou Méda Joue Sur Un Nuage.

1 Retenir l'essentiel

A Le système solaire et les galaxies

- **Le système solaire est constitué d'une étoile, le Soleil, autour de laquelle tournent 8 planètes :** Mercure, Vénus, la Terre, Mars, Jupiter, Saturne, Uranus et Neptune.
- **Le Soleil n'est qu'une étoile moyenne** dans un groupe contenant environ 100 milliards d'étoiles, une galaxie.
- **Notre galaxie est nommée la Voie Lactée.** Ce n'est qu'une des nombreuses galaxies qui peuplent l'Univers.
- **Dans les galaxies, il existe d'autres systèmes planétaires extrasolaires constitués de planètes,** les exoplanètes, qui gravitent autour d'une étoile autre que le Soleil.

B Les unités de distance en astronomie

- **Le mètre, de symbole m, est l'unité de longueur dans le système international.** Les distances astronomiques sont souvent exprimées en kilomètres, de symbole km : **$1\ \text{km} = 1 \times 10^3\ \text{m}$.**
- **L'écriture scientifique d'un nombre est l'écriture sous la forme $a \times 10^n$** pour laquelle a est un nombre décimal tel que $1 \leqslant a < 10$ et n un entier positif ou négatif.

  Exemple : la distance Terre-Soleil est en moyenne de $1{,}5 \times 10^8$ km.

- Les distances qui séparent les étoiles ou les galaxies sont considérables. **On utilise souvent l'année-lumière (ou année de lumière) de symbole a.l., qui est la distance d parcourue par la lumière dans le vide, en une année t,** comme unité de distance astronomique.
- Dans le vide (ou dans l'air), la vitesse de propagation de la lumière est souvent notée c (**$c = 3{,}00 \times 10^8$ m/s**).

Une année correspond à $t = 365 \times 24 \times 3\,600$ s.
Donc 1 a.l. correspond à : $d = c \times t$.
$d = 3{,}00 \times 10^8 \times 365 \times 24 \times 3\,600 = 9{,}47 \times 10^{15}$ m.
Soit **1 a.l. = $9{,}47 \times 10^{12}$ km.**

> **Attention !**
> L'année-lumière est une distance et non une durée.

mes notes

2 Application : analyse d'un document

DOC **Quelques distances dans le système solaire**

	Distance moyenne au Soleil (en km)	Durée mise par la lumière pour se propager du Soleil à la planète
Mercure	58 000 000	
Mars		12 min

L'année-lumière est une unité de distance astronomique le plus souvent utilisée pour mesurer des distances en dehors du système solaire. Il est possible de l'utiliser aussi pour les corps célestes du système solaire, même si cet usage est moins pertinent.
Donnée : vitesse de propagation de la lumière dans le vide
$c = 3{,}00 \times 10^5$ km/s.

Cochez la ou les bonnes réponses.

1. La durée mise par la lumière pour se propager du Soleil à Mercure est :

a. ☒ $1{,}93 \times 10^2$ s b. ❑ $5{,}17 \times 10^{-3}$ s c. ❑ 12 min

2. La distance moyenne entre Mars et le Soleil est :

a. ❑ 58 000 000 km b. ☒ $2{,}16 \times 10^8$ km c. ❑ $3{,}60 \times 10^6$ km

Mémo'Quiz

1. Une année-lumière est :
a) ☒ la distance parcourue par la lumière en un an
b) ❑ la lumière émise par le Soleil pendant un an
c) ❑ la durée nécessaire à la lumière pour parcourir la distance entre le Soleil et la Terre

2. La Voie Lactée :
a) ❑ est notre système solaire
b) ☒ est notre galaxie
c) ☒ contient un grand nombre d'étoiles

→ corrigés p. 127

© Nathan 2017 – Mes Maxi Fiches ABC

Matière dans l'Univers

9

☒ Lue ☐ Relue ☐ Apprise

mes notes

1 Retenir l'essentiel

A Les ordres de grandeur en astronomie

- **L'ordre de grandeur d'une longueur est la puissance de dix la plus proche de cette longueur.**

Exemples de distances et d'ordres de grandeur de distances astronomiques :

Diamètre du système solaire	Distance Soleil-étoile la plus proche	Diamètre de la Voie Lactée	Distance Voie Lactée-galaxie la plus proche
10^{10} km	4,3 a.l. → ordre de grandeur 1 a.l.	100 000 a.l. soit 10^5 a.l.	10^6 a.l.

- L'ordre de grandeur d'une **année-lumière** (a.l.) est de **10^{13} km.**

B La matière dans l'Univers

- **La matière observable est partout de même nature et obéit aux mêmes lois.**

Exemple : les atomes d'hydrogène sont identiques sur Terre et sur Saturne.

- **Les deux éléments les plus abondants dans l'Univers sont l'hydrogène et l'hélium,** qui sont les deux principaux constituants des étoiles.
- **À la mort d'une étoile, les éléments qui la constituent sont dispersés dans l'Univers** et forment des nébuleuses qui donneront naissance à de nouveaux systèmes planétaires. **On trouve sur Terre des éléments lourds : l'oxygène, le carbone, le fer, le silicium,** présents initialement dans la nébuleuse.
- **Les atomes sont les constituants élémentaires de la matière.**
- **Un atome est constitué d'un noyau, chargé positivement, et d'électrons chargés négativement.**
- Le **noyau** contient des **nucléons** : les **neutrons**, particules **sans charges électriques**, et les **protons**, particules **chargées positivement.**
- **L'atome est électriquement neutre** : il contient autant d'électrons que de protons.

Attention !

L'atome est électriquement neutre, mais il contient des particules chargées électriquement.

mes notes

2 Application : analyse d'un document

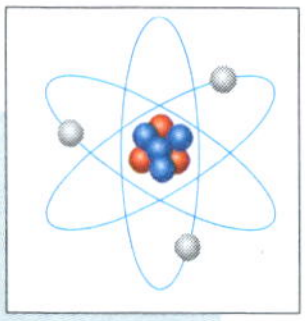

DOC **Quelques atomes de l'atmosphère terrestre**

L'atmosphère terrestre contient essentiellement des atomes d'azote et d'oxygène. Le tableau ci-dessous précise la composition de ces atomes.

Nom et symbole de l'atome	Symbole de l'atome	Nombre de protons	Nombre de neutrons	Nombre de nucléons	Nombre d'électrons
Azote	N	7	7		
Oxygène	O			16	8
Argon			22	40	

Cochez la ou les bonnes réponses.

1. L'atome d'azote contient :
a. ❑ 7 nucléons et 7 électrons
b. ❑ 14 nucléons et 7 électrons
c. ❑ 7 nucléons et 14 électrons

2. Le noyau de l'atome d'oxygène contient :
a. ❑ 16 protons et 16 neutrons
b. ❑ 24 protons et 8 neutrons
c. ❑ 8 protons et 8 neutrons

3. L'atome d'argon contient :
a. ❑ 62 protons dans son noyau et 18 électrons
b. ❑ 18 protons dans son noyau et 22 électrons
c. ❑ 18 protons dans son noyau et 18 électrons

Mémo'Quiz

1. Les atomes d'hélium présents dans le Soleil et sur Terre :
a) ❑ n'ont pas la même composition
b) ❑ sont identiques
c) ❑ possèdent le même nuage électronique mais des noyaux différents

2. La matière présente sur notre planète a pour origine :
a) ❑ la matière présente dans la nébuleuse originelle
b) ❑ la matière contenue dans le Soleil
c) ❑ la matière contenue dans une étoile

→ corrigés p. 127

© Nathan 2017 – Mes Maxi Fiches ABC

Origine et évolution de l'Univers

10

☒ Lue ☐ Relue ☐ Apprise

mes notes

1 Retenir l'essentiel

A Voir loin, c'est voir dans le passé

- **Plus un objet est éloigné de la Terre dans l'Univers,** plus la durée du trajet parcouru par la lumière est longue, et **plus nous observons dans le passé**.

  Exemple : la galaxie d'Andromède (2 millions d'a.l.) nous apparaît telle qu'elle était il y a deux millions d'années.

- **La théorie du Big-Bang ne décrit pas l'origine de l'Univers, mais son évolution depuis un instant proche de l'origine**, il y a près de 13,8 milliards d'années.

- La matière telle que nous la connaissons est le fruit de nombreuses transformations dans les instants primordiaux. La théorie du Big-Bang décrit notamment l'expansion de cette matière constituant l'Univers.

B Formation du système solaire

- **Notre système solaire est né d'une nébuleuse.** La matière constituant cette nébuleuse a fini par s'effondrer sur elle-même, du fait de la gravitation.

- **Au centre, la matière a formé le Soleil, tandis que le reste de la matière formait le disque protoplanétaire, d'où sont issues les planètes actuelles.**

Attention !

La matière qui forme une nébuleuse est issue d'étoile(s) morte(s). C'est cette matière et non celle du Soleil qui est à l'origine du système solaire.

C Âges géologiques

- **L'âge des planètes du système solaire est d'environ 4,7 milliards d'années**.

- La chronologie de l'histoire de la Terre est construite sur différentes subdivisions : **les quatre ères** (précambrien, paléozoïque, mésozoïque, cénozoïque) **constituent les subdivisions les plus importantes.**

- **Les ères sont elles-mêmes découpées en périodes, souvent divisées en époques.**

- **Les âges géologiques constituent les subdivisions des époques.**

  Exemple : l'ère cénozoïque, notre ère actuelle, est subdivisée en deux périodes (paléogène, néogène).

mes notes

2 Application : analyse d'un document

DOC **Quelle histoire raconte la photographie d'une galaxie ?**

La source lumineuse très brillante visible sur la photographie à droite est apparue le 23 février 1987. Il s'agit de l'explosion d'une étoile située dans le Grand Nuage de Magellan, une petite galaxie satellite de la nôtre, à $1,7 \times 10^5$ a.l. de la Terre.

Donnée : ordre de grandeur d'une année-lumière = 10^{13} km.

Cochez la ou les bonnes réponses.

1. L'ordre de grandeur de la distance de la Terre au lieu où s'est produite l'explosion visible sur la photographie est de :

a. ❑ $1,7 \times 10^{18}$ km b. ❑ 10^{18} km c. ❑ 10^8 km

2. Depuis combien de temps s'était produite cette explosion lorsqu'elle a été observée ?

a. ❑ $1,7 \times 10^5$ années b. ❑ $1,7 \times 10^{18}$ années c. ❑ 10^8 années

Mémo'Quiz

1. La théorie du Big-Bang décrit :
a) ❑ l'origine de l'Univers b) ❑ la formation de la Terre
c) ❑ l'évolution de l'Univers d'un instant proche de son origine à nos jours

2. L'âge du système solaire est approximativement de :
a) ❑ quelques milliers d'années
b) ❑ quelques millions d'années
c) ❑ quelques milliards d'années

3. Le cénozoïque est :
a) ❑ une ère b) ❑ une période
c) ❑ une subdivision de la chronologie de l'histoire de la Terre

→ corrigés p. 127

© Nathan 2017 – Mes Maxi Fiches ABC

Caractérisation d'un mouvement

11

☒ Lue ☐ Relue ☐ Apprise

mes notes

1 Retenir l'essentiel

A Trajectoire

- **La trajectoire du point d'un objet est la ligne formée par l'ensemble des positions successives occupées par ce point au cours de son mouvement**.
- Lorsque la trajectoire du point d'un corps est une **droite,** on dit que le mouvement du point est **rectiligne**. Si la trajectoire est un **cercle,** on dit que le mouvement est **circulaire**.

  Exemple : la plupart des planètes du système solaire ont des mouvements quasi-circulaires autour du Soleil.

B Vitesse

- **Pour caractériser un mouvement, il est également nécessaire de préciser la vitesse de l'objet étudié**, en indiquant notamment la direction, le sens et la valeur de cette vitesse.

  Exemple : dans un mouvement circulaire, la direction de la vitesse est la droite tangente au cercle, perpendiculaire au rayon du cercle.
- **Le sens de la vitesse est le sens du mouvement du corps.**

  Exemple : dans un mouvement rectiligne qui s'effectue de la gauche vers la droite, le sens de la vitesse est lui aussi vers la droite.
- **La valeur de la vitesse est souvent notée *v*.** Elle s'exprime généralement dans l'unité légale de vitesse : le **mètre par seconde** (m/s).

  Exemple : la valeur de la vitesse maximale des TGV en utilisation commerciale est en général de 300 km/h, soit 83,3 m/s.

Remarque

Dans la vie quotidienne, on utilise souvent une autre unité : le kilomètre par heure (km/h).

C Relativité du mouvement

- Un même mouvement peut être caractérisé de manière très différente par plusieurs observateurs. **Il faut toujours préciser par rapport à quel objet ou observateur la description d'un mouvement est effectuée**.

  Exemple : pour le voyageur d'un train qui démarre d'une gare, son voisin est immobile, alors qu'il est en mouvement pour un observateur debout sur le quai.

mes notes

2 Application : analyse d'un document

DOC **Mouvement de la Lune autour de la Terre**

Dans l'illustration ci-contre, on représente le mouvement de la Lune autour de la Terre.

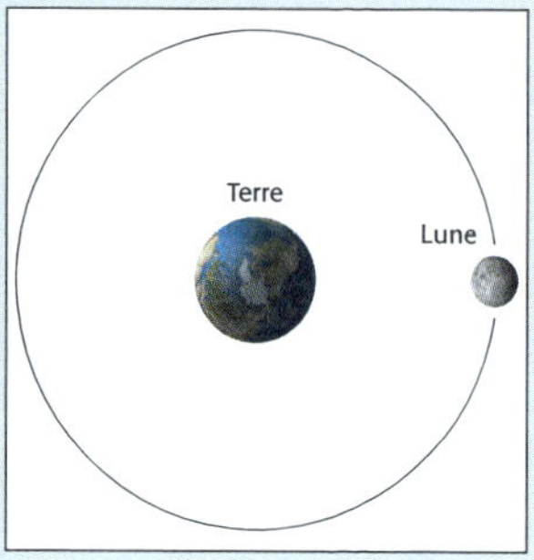

Cochez la ou les bonnes réponses.

1. Le mouvement de la Lune autour de la Terre est :
a. ❑ rectiligne b. ❑ circulaire c. ❑ elliptique

2. La vitesse de la Lune :
a. ❑ a une valeur nulle b. ❑ a pour direction le rayon du cercle
c. ❑ a pour direction une perpendiculaire au rayon du cercle

3. Le mouvement de la Lune par rapport au Soleil est :
a. ❑ le même que le mouvement de la Lune par rapport à la Terre
b. ❑ un mouvement circulaire
c. ❑ un mouvement plus complexe

Mémo'Quiz

1. L'ensemble des positions successives occupées par un point au cours de son mouvement :
a) ❑ forme la trajectoire du point b) ❑ est toujours une droite
c) ❑ forme une droite si le mouvement est rectiligne

2. La valeur de la vitesse peut s'exprimer en :
a) ❑ km/h b) ❑ m/s c) ❑ s/m

3. Le mouvement d'un voyageur qui marche dans un train partant d'une gare :
a) ❑ est le même par rapport au train et au quai
b) ❑ n'est pas le même par rapport au train et au quai
c) ❑ est toujours un mouvement à vitesse constante

→ corrigés p. 127

© Nathan 2017 – Mes Maxi Fiches ABC

Mouvements uniformes et non uniformes

12

Lue Relue Apprise

mes notes

1 Retenir l'essentiel

A Mouvements uniformes

- **Par rapport à un observateur donné, un mouvement est uniforme s'il s'effectue avec une valeur de la vitesse constante.**
- Un mouvement rectiligne s'effectuant avec une valeur de la vitesse constante est un **mouvement rectiligne uniforme**.

Exemple : parachute ouvert, la valeur de la vitesse d'un parachutiste par rapport au sol atteint une valeur limite constante, ce qui lui donne un mouvement rectiligne uniforme par rapport au sol.

- Un mouvement circulaire s'effectuant avec une valeur de la vitesse constante est un **mouvement circulaire uniforme**.
- Dans un mouvement circulaire uniforme, **la valeur de la vitesse est constante, mais la direction de la vitesse change**.

Exemple : le mouvement de la Lune autour du centre de la Terre peut être considéré en première approximation comme un mouvement circulaire uniforme.

- **Pour un mouvement uniforme, la valeur de la vitesse peut s'écrire : $v = \frac{d}{t}$**, avec v la valeur de la vitesse en m/s, d la distance parcourue par un point de l'objet en m et t la durée du déplacement en s.

Piège à éviter

Il faut absolument préciser par rapport à quel observateur le mouvement est décrit pour analyser une vitesse.

Attention !

Si la distance est en kilomètres et le temps en heures, on obtient une vitesse en kilomètres par heure.

B Mouvements non uniformes

- **Si la valeur de la vitesse change** au cours du mouvement du point d'un objet, **le mouvement de ce point est un mouvement non uniforme.**
- Un mouvement rectiligne non uniforme peut être un **mouvement rectiligne accéléré ou un mouvement rectiligne ralenti**.
- Un mouvement circulaire non uniforme peut être un **mouvement circulaire accéléré ou un mouvement circulaire ralenti**.

Exemple : le mouvement d'un passager d'une nacelle d'une grande roue par rapport au centre de la grande roue est un mouvement circulaire ralenti lorsque la valeur de la vitesse de la roue diminue juste avant l'arrêt du manège.

mes notes

2 Application : analyse d'un document

DOC **Saut en parachute**

La valeur de la vitesse d'un parachutiste sautant d'un hélicoptère immobile par rapport au sol évolue dans le temps, jusqu'à atteindre une valeur de vitesse constante limite lorsque le parachute est fermé, et une autre valeur de vitesse constante limite lorsque le parachute est ouvert. Le graphique ci-dessous représente l'évolution de la vitesse d'un parachutiste pendant les trente premières secondes du saut.

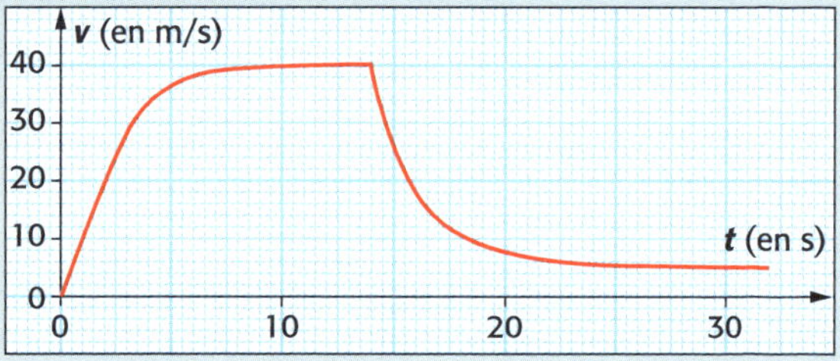

Cochez la ou les bonnes réponses.

1. Le parachutiste atteint sa vitesse limite, parachute fermé, à l'instant :

a. ❑ $t = 25$ s b. ❑ $t = 10$ s c. ❑ $t = 30$ s

2. Le parachute est ouvert à l'instant :

a. ❑ $t = 0$ s b. ❑ $t = 25$ s c. ❑ $t = 14$ s

3. La distance d parcourue entre les instants $t_1 = 26$ s et $t_2 = 32$ s est de :

a. ❑ 30 m b. ❑ 160 m c. ❑ 130 m

Mémo'Quiz

1. Un objet en mouvement uniforme :

a) ❑ a toujours une trajectoire rectiligne
b) ❑ possède une valeur de vitesse constante
c) ❑ a une vitesse dont la direction est constante

2. La relation entre la valeur de la vitesse v d'un objet en mouvement uniforme, la distance d parcourue par cet objet et la durée t du trajet est :

a) ❑ $v = d \times t$ b) ❑ $v = \frac{d}{t}$ c) ❑ $v = \frac{t}{d}$

→ corrigés p. 127

© Nathan 2017 – Mes Maxi Fiches ABC

Modélisation d'une interaction

13

Lue Relue Apprise

mes notes

1 Retenir l'essentiel

A Interactions

- **Deux corps sont en interaction si le mouvement de l'un dépend de la présence de l'autre, et réciproquement.** Chacun de ces deux corps exerce une **action mécanique** sur l'autre.

  Exemple : un parachute et l'air sont en interaction. L'air exerce une action mécanique sur le parachute, et réciproquement.

- **Certaines interactions sont des interactions à distance, elles ne nécessitent pas de contact entre les deux corps pour exister.**

  Exemple : les interactions magnétiques entre un aimant et l'aiguille d'une boussole sont des interactions à distance.

Piège à éviter

Les interactions à distance ne nécessitent pas de contact pour exister, mais existent aussi en cas de contact.

- **Certaines interactions sont des interactions de contact, elles nécessitent un contact entre les deux corps pour s'exercer.**

  Exemple : les interactions entre l'air et le parachute sont des interactions de contact.

- **Pour déterminer les différentes interactions, on peut utiliser les diagrammes objets-interactions (DOI).** Dans un DOI, les objets sont représentés dans des bulles, les interactions à distance par des flèches en pointillés, les interactions de contact par des flèches en traits pleins.

Attention !

Ce sont les objets et non les interactions qui sont représentés dans les bulles.

B Forces

- **Une action mécanique exercée par un corps en interaction avec un autre corps peut être modélisée (représentée) par une force.**

  Exemple : l'air exerce une action mécanique sur le parachute, cette action sera modélisée par la force exercée par l'air sur le parachute.

- **Pour caractériser une force, il faut préciser son point d'application, sa direction, son sens et sa valeur**, exprimée en newtons (N).

  Exemple : on note souvent la force exercée par l'air sur le parachute sous la forme $\vec{F}_{\text{air} \rightarrow \text{parachute}}$ ou $\vec{F}_{\text{air/parachute}}$.

mes notes

2 Application : analyse d'un document

DOC **DOI d'un wagon**

En 1827, le premier trajet en train a lieu entre les villes de Saint-Étienne et d'Andrézieux. Chaque convoi pouvait comporter jusqu'à 14 wagons de 5 tonnes chacun. Ils avançaient sous l'effet de la gravité, et le système de freinage consistait en deux sabots montés tête-bêche sur un levier pivotant autour d'un axe lié au châssis. Le document ci-dessous représente un DOI pendant le freinage.

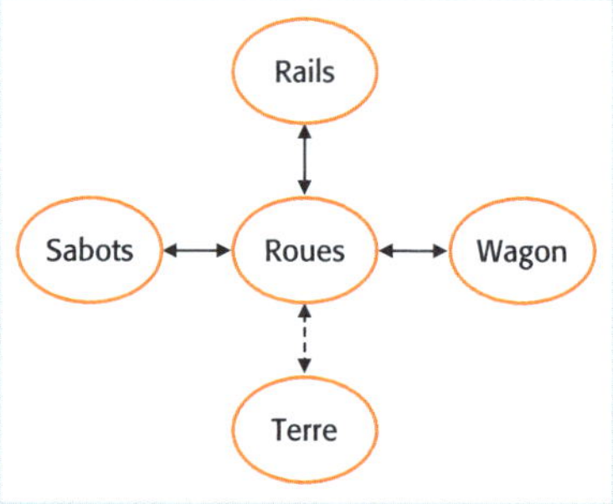

Cochez la ou les bonnes réponses.

1. Dans ce DOI, l'objet étudié est :

a. ❑ le wagon b. ❑ les roues c. ❑ les rails

2. Le DOI représente :

a. ❑ 3 interactions de contact et 1 interaction à distance

b. ❑ 1 interaction de contact et 3 interactions à distance

c. ❑ 4 interactions de contact

Mémo'Quiz

1. Une interaction à distance entre deux objets :

a) ❑ peut s'exercer sans contact entre les objets

b) ❑ ne s'exerce qu'en l'absence de contact entre les objets

c) ❑ est représentée par une double flèche en pointillés sur un DOI

2. La valeur d'une force s'exprime en :

a) ❑ kilogrammes (kg) b) ❑ mètres (m) c) ❑ newtons (N)

➜ corrigés p. 127

© Nathan 2017 – Mes Maxi Fiches ABC

Interaction gravitationnelle et poids

14

Lue Relue Apprise

mes notes

1 Retenir l'essentiel

A Interaction gravitationnelle

- Le mouvement de la Lune dépend du mouvement de la Terre et réciproquement, **la Lune et la Terre sont en interaction gravitationnelle**.
- **L'interaction gravitationnelle** entre deux corps de centres A et B, de masses respectives m_A et m_B et séparés d'une distance d, **est modélisée par des forces d'attraction gravitationnelle**.

Doc. D01 Terre-Lune

- **Le point d'application** d'une force d'attraction gravitationnelle est le centre de l'astre qui subit la force.
- **La direction** de la force gravitationnelle est celle de la droite AB, droite reliant les centres des deux astres en interaction.
- **La force gravitationnelle est dirigée vers le corps qui exerce la force.**
- **L'expression de la valeur de la force gravitationnelle est :**

$$F = G \times \frac{m_A \times m_B}{d^2}$$

avec F en newtons (N), m_A et m_B en kilogrammes (kg), d en mètres (m) et G la constante de gravitation universelle ($G = 6{,}67 \times 10^{-11}\ N \cdot m^2/kg^2$).

Piège à éviter
Pensez à convertir la distance en mètres et n'oubliez pas le carré dans le calcul de F.

B Poids

- **Un objet proche de la surface d'un astre subit une force d'attraction gravitationnelle exercée par l'astre, nommée poids ou force de pesanteur.**
- **La valeur du poids est :**

$$P = m \times g$$

avec P le poids en newtons (N), m la masse de l'objet en kilogrammes (kg) et g l'intensité de la pesanteur sur l'astre en N/kg.

Exemple : $g_L = g_T/6$, l'intensité de la pesanteur est six fois plus faible sur la Lune que sur la Terre. La valeur du poids d'un objet de même masse sera donc six fois plus faible sur la Lune que sur la Terre.

mes notes

2 Application : analyse d'un document

DOC **Les forces gravitationnelles entre le Soleil et la Lune et entre la Terre et la Lune**

Le Soleil et la Terre exercent des forces d'attraction gravitationnelles sur la Lune. La Terre est plus proche de la Lune que le Soleil, mais le Soleil est bien plus massif que la Terre. Qui, du Soleil ou de la Terre, exerce la force gravitationnelle la plus grande sur la Lune ?

Expression de la valeur de la force gravitationnelle : $F = G \times \frac{m_A \times m_B}{d^2}$, avec la constante de gravitation $G = 6{,}67 \times 10^{-11}$ N · m² · kg⁻².

Astre	Soleil	Terre	Lune
Masse (kg)	$1{,}99 \times 10^{30}$	$5{,}97 \times 10^{24}$	$7{,}35 \times 10^{22}$
Distance à la Lune (km)	$1{,}52 \times 10^{8}$	$3{,}83 \times 10^{5}$	

Cochez la ou les bonnes réponses.

1. La valeur de la force gravitationnelle exercée par la Terre sur la Lune est égale à :
a. ❑ $2{,}00 \times 10^{20}$ N
b. ❑ $2{,}00 \times 10^{14}$ N
c. ❑ $2{,}00 \times 10^{12}$ N

2. La valeur de la force gravitationnelle exercée par le Soleil sur la Lune est :
a. ❑ environ le double de celle exercée par la Terre
b. ❑ environ la moitié de celle exercée par la Terre
c. ❑ la même que celle exercée par la Terre

Mémo'Quiz

1. La masse d'un objet est :
a) ❑ plus faible sur la Lune que sur la Terre
b) ❑ la même sur la Lune et sur la Terre
c) ❑ plus grande sur la Lune que sur la Terre

2. La valeur du poids P d'un objet de masse m est égale à :
a) ❑ $P = m/g$ b) ❑ $P = m$ c) ❑ $P = m \times g$

→ corrigés p. 127

© Nathan 2017 – Mes Maxi Fiches ABC

Sources, transferts, conversions et formes d'énergie

15

Lue Relue Apprise

mes notes

1 Retenir l'essentiel

A Formes d'énergie

- **Pour vivre, pour se chauffer, pour se déplacer, pour s'éclairer, pour fabriquer ou utiliser des objets, nous avons besoin d'énergie.**
- **L'énergie existe sous différentes formes.**

Exemple : l'énergie peut exister sous forme chimique, nucléaire, thermique, lumineuse, électrique, cinétique ($E_c = \frac{1}{2} m v^2$), potentielle (dépendant de la position)...

B Transferts et conversions d'énergie

- **Une forme d'énergie peut être convertie en une autre forme d'énergie.**

Exemple : une éolienne convertit une partie de l'énergie cinétique du vent en énergie électrique.

Remarque

De l'énergie cinétique est aussi convertie en énergie thermique.

- **L'énergie peut être transférée d'un objet à un autre objet.**

Exemple : l'énergie cinétique du vent est transférée à un bateau à voiles.

C Sources d'énergie

- **Certaines sources d'énergie sont renouvelables** : elles peuvent être exploitées de façon illimitée à l'échelle humaine.

Exemple : l'eau, le vent, la géothermie (l'énergie de la Terre), la biomasse (les végétaux et les déchets) et le Soleil sont des sources d'énergie renouvelables.

- **D'autres sources d'énergie sont non renouvelables** : leurs stocks, limités, ne peuvent pas se renouveler à l'échelle humaine.

Exemple : le pétrole, le charbon, le gaz naturel et l'uranium sont des sources d'énergie non renouvelables.

À savoir

L'uranium permet de faire fonctionner les centrales nucléaires.

- **L'exploitation d'une source d'énergie a toujours un impact sur l'environnement** : fabrication du matériel nécessaire à l'exploitation de l'énergie, émission de gaz à effet de serre, production de déchets...

mes notes

2 Application : analyse d'un document

DOC **À Strasbourg, on recharge son portable en pédalant**

Le *We-Bike* (c'est son nom) est proposé gratuitement en gare de Strasbourg. En pédalant, cet appareil permet de fournir de l'énergie électrique, comme une prise de courant. Ainsi, pour le directeur de la gare de Strasbourg, le dispositif est « représentatif de la vigilance que la SNCF porte sur son impact environnemental. Il s'agit aussi de permettre aux usagers d'agrémenter l'attente de leur train de façon utile et ludique. »

D'après Reporterre.net (2014)

Cochez la ou les bonnes réponses.

1. Pour fonctionner, le *We Bike* a besoin d'énergie :
a. ❑ chimique b. ❑ électrique c. ❑ cinétique

2. Le *We Bike* :
a. ❑ transfère de l'énergie sans la convertir
b. ❑ est un convertisseur d'énergie
c. ❑ est un réservoir d'énergie

3. Le We-Bike est « représentatif de la vigilance que la SNCF porte sur son impact environnemental » car :
a. ❑ il n'a pas besoin de sources d'énergie non renouvelables pour fonctionner
b. ❑ il permet de fatiguer les voyageurs
c. ❑ il occupe le temps d'attente des voyageurs

Mémo'Quiz

1. La vitesse V d'un objet de masse m ayant une énergie cinétique E_c est égale à :
a) ❑ $V = \frac{E_c}{m}$ b) ❑ $V = \frac{2E_c}{m}$ c) ❑ $V = \sqrt{\frac{2E_c}{m}}$

2. Pour fonctionner, une éolienne utilise :
a) ❑ une source d'énergie renouvelable
b) ❑ une source d'énergie non renouvelable
c) ❑ du pétrole

3. Une lampe convertit de l'énergie électrique en énergie :
a) ❑ cinétique b) ❑ thermique c) ❑ lumineuse

➜ corrigés p. 127

© Nathan 2017 – Mes Maxi Fiches ABC

Circuits électriques

16

Lue Relue Apprise

mes notes

1 Retenir l'essentiel

A Dipôles et circuit électrique

- **Un circuit électrique est composé d'un générateur et d'un ou plusieurs récepteurs électriques.**

Exemples :
Une pile est un générateur électrique : elle convertit une partie de l'énergie chimique de ses constituants en énergie électrique.
Une lampe est un récepteur électrique : elle convertit de l'énergie électrique en énergie lumineuse et en énergie thermique.

- **Un circuit électrique doit être fermé pour que le courant électrique circule.** Par convention, le courant électrique circule dans un circuit **de la borne (+) vers la borne (–)** du générateur.

Vocabulaire

Le générateur et les récepteurs électriques comportent chacun deux bornes : ce sont des **dipôles électriques**.

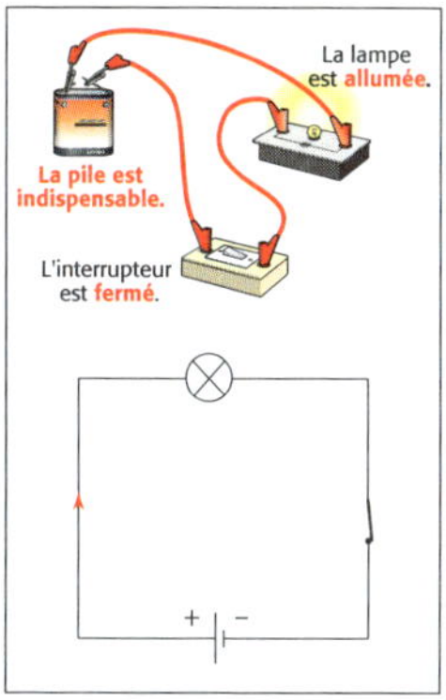

B Dipôles en série ou en dérivation

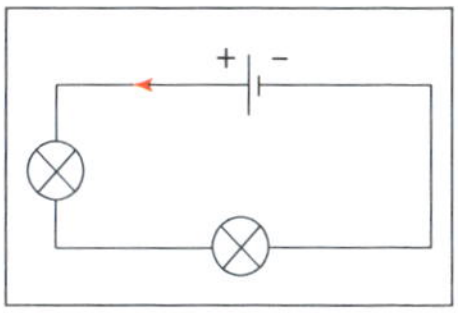

Doc. Dipôles en série

- **Des dipôles sont en série** s'ils sont reliés les uns à la suite des autres en ne formant qu'**une seule maille**.

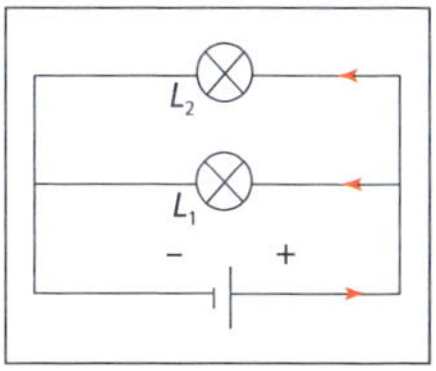

Doc. Dipôles en dérivation

- **Des dipôles sont en dérivation** s'ils forment **plusieurs mailles** en étant reliés entre eux.

Remarques

- Si une lampe est dévissée dans un circuit à une seule maille, la maille est ouverte et les autres lampes ne fonctionnent plus.
- Si une lampe est dévissée dans une maille, les autres mailles restent fermées et les lampes fonctionnent encore dans ces mailles.

mes notes

2 Application : analyse d'un document

DOC Montage électrique avec une lampe

En cours de Physique-Chimie, lors des Travaux Pratiques d'électricité, les élèves et leur professeur font briller une lampe. Pour cela, ils réalisent le montage électrique ci-contre.

Cochez la ou les bonnes réponses.

1. Dans le montage électrique ci-dessus, les dipôles sont :
a. ❑ en série b. ❑ en dérivation c. ❑ en série et en dérivation

2. Dans le montage ci-dessus, la lampe brille. L'interrupteur est donc :
a. ❑ ouvert b. ❑ chargé c. ❑ fermé

3. Le schéma correspondant au montage ci-dessus est :

a.
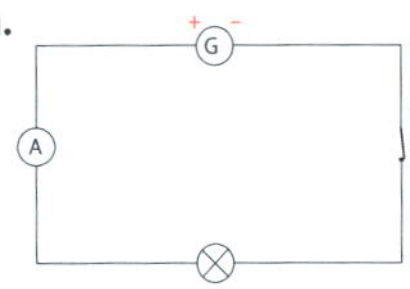

b.
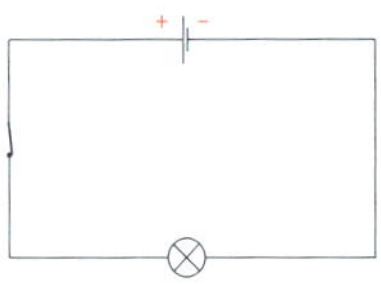

c.
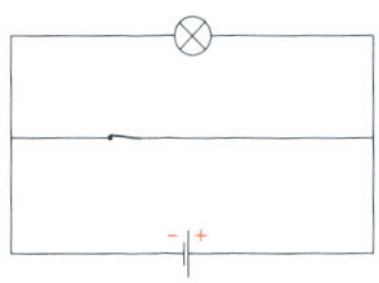

Mémo'Quiz

1. Si des dipôles sont reliés les uns à la suite des autres, ils sont en :
a) ❑ série b) ❑ parallèle c) ❑ dérivation

2. Un moteur convertit de l'énergie électrique en énergie :
a) ❑ cinétique b) ❑ thermique c) ❑ lumineuse

3. Un moteur est un :
a) ❑ récepteur b) ❑ générateur c) ❑ dipôle électrique

→ corrigés p. 127

© Nathan 2017 – Mes Maxi Fiches ABC

Lois de l'électricité

17

☐ Lue ☐ Relue ☐ Apprise

mes notes

1 Retenir l'essentiel

A Circuit électrique à une maille

Dans un circuit électrique à une seule maille, les lois de l'électricité suivantes s'appliquent.

- **L'intensité du courant électrique I est la même en tout point d'un circuit qui ne compte que des dipôles en série.**
- **D'après la loi d'additivité des tensions**, dans un circuit à une seule maille, la tension U entre les bornes du générateur est égale à la somme des tensions U_1, U_2 et U_3 entre les bornes des récepteurs :

$$U = U_1 + U_2 + U_3$$

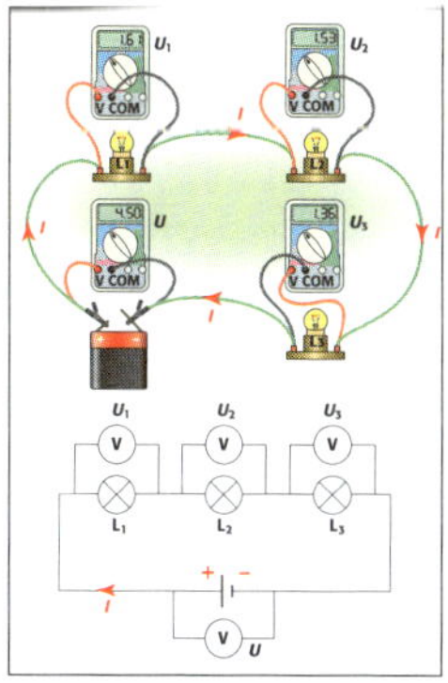

Doc. Circuit à une maille

- Une tension entre les bornes d'un dipôle électrique est mesurée grâce à un **voltmètre, placé en dérivation** avec le dipôle.

B Circuit électrique à plusieurs mailles

Dans un circuit électrique à plusieurs mailles, les lois de l'électricité suivantes s'appliquent.

- **D'après la loi d'unicité des tensions, la tension U entre les bornes de chaque dipôle en dérivation est la même.**
- **D'après la loi d'additivité des intensités**, l'intensité du courant électrique dans la maille principale contenant le générateur est égale à la somme des intensités des courants dans les mailles dérivées :

$$I = I_1 + I_2 + I_3$$

- L'intensité du courant électrique est mesurée avec un **ampèremètre, placé en série** dans une maille du circuit.

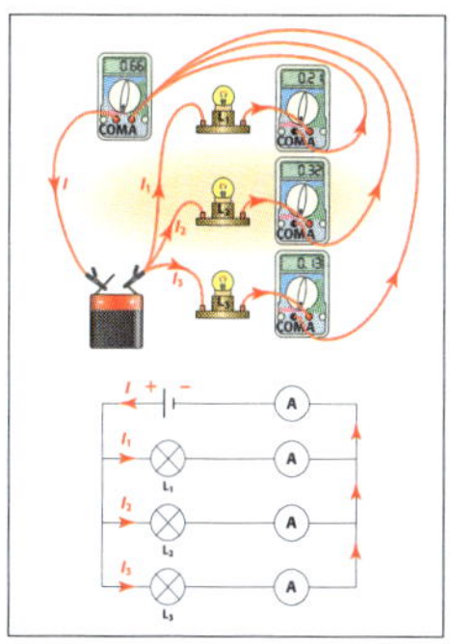

Doc. Circuit à plusieurs mailles

mes notes

2 Application : analyse d'un document

DOC **Montage électrique avec deux lampes**

En cours de Physique-Chimie, lors des Travaux Pratiques d'électricité, les élèves et leur professeur font briller deux lampes. Pour cela, ils réalisent le montage électrique ci-contre.

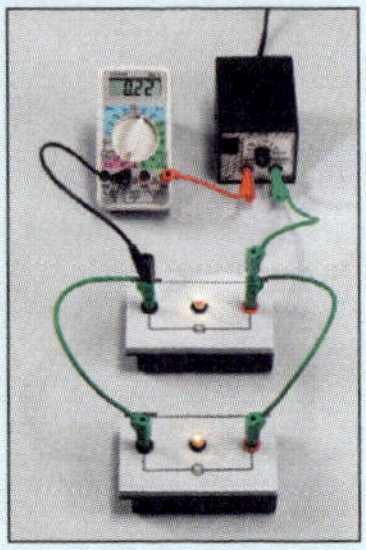

Cochez la ou les bonnes réponses.

1. Dans le montage électrique ci-dessus, la tension aux bornes de la première lampe et la tension aux bornes de la deuxième lampe :
a. ❑ sont différentes b. ❑ sont égales c. ❑ valent 0,22 V

2. Dans le montage électrique ci-dessus, l'intensité du courant électrique qui traverse le fil rouge est égale à :
a. ❑ celle qui traverse le fil vert entre les deux lampes
b. ❑ celle qui traverse le fil noir c. ❑ 0,22 A

3. Si on ajoute une troisième lampe en dérivation dans ce montage, l'intensité du courant électrique mesurée dans la maille principale :
a. ❑ diminue b. ❑ ne varie pas c. ❑ augmente

Mémo'Quiz

1. La loi d'additivité des intensités s'applique dans un circuit électrique à :
a) ❑ une maille b) ❑ deux mailles c) ❑ trois mailles

2. Dans un circuit à une seule maille, la somme des tensions aux bornes des différents récepteurs est égale à :
a) ❑ zéro b) ❑ la tension aux bornes du générateur
c) ❑ l'intensité du courant électrique qui circule dans le circuit

3. Dans un circuit à plusieurs mailles, il existe une loi d'unicité des :
a) ❑ tensions b) ❑ intensités c) ❑ résistances

→ corrigés p. 127

© Nathan 2017 – Mes Maxi Fiches ABC

Loi d'Ohm et règles de sécurité en électricité

18

☐ Lue ☐ Relue ☐ Apprise

mes notes

1 Retenir l'essentiel

A Loi d'Ohm

- **D'après la loi d'Ohm, la tension aux bornes d'un conducteur ohmique est proportionnelle à l'intensité du courant électrique qui le traverse :**

$$U = R \times I$$

avec :
– U la tension aux bornes du conducteur ohmique en volts (V) ;
– I l'intensité du courant électrique en ampères (A) ;
– R la résistance du conducteur ohmique en ohms (Ω).

- L'ordre de grandeur de la résistance d'un conducteur ohmique peut être égal à 10 Ω, mais il peut aussi valoir 10^7 Ω ou même davantage.

Remarque

La résistance d'un conducteur ohmique peut être mesurée directement grâce à un ohmmètre.

Vocabulaire

L'ordre de grandeur d'une grandeur est égal à la puissance de dix la plus proche de la valeur de cette grandeur.

B Règles de sécurité en électricité

- **Le passage du courant électrique dans des conducteurs provoque un échauffement.**
- **Si on branche des appareils électriques en dérivation**, l'intensité du courant électrique qui traverse la maille principale du circuit électrique augmente, et **cela peut engendrer un incendie.**
- **En cas de court-circuit**, l'intensité du courant électrique peut devenir importante, et **il y a aussi un risque d'incendie.**

Exemple :
Une pile est en court-circuit lorsque ses bornes sont directement reliées entre elles par un fil de connexion ou du métal.

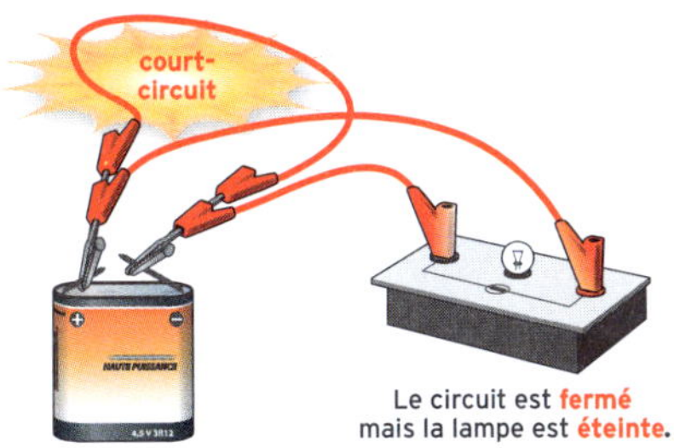

Doc. Exemple de court-circuit

mes notes

2 Application : analyse d'un document

DOC Détermination de la résistance d'un conducteur ohmique

Pour différents réglages d'un générateur, on relève les valeurs de la tension *U* aux bornes d'un conducteur ohmique et les valeurs de l'intensité du courant électrique *I* qui traverse ce dipôle.
On trace alors sur le graphique ci-contre la caractéristique de ce conducteur ohmique afin de déterminer sa résistance.

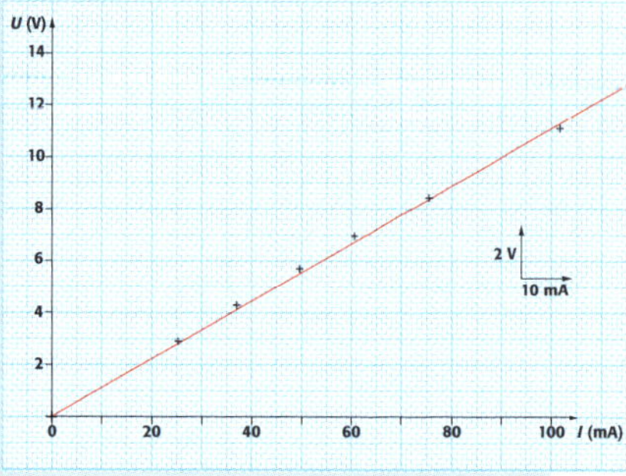

Cochez la ou les bonnes réponses.

1. Si la tension aux bornes du conducteur ohmique est égale à 10 V, l'intensité du courant qui le traverse est égale à :
a. ❑ 90 mA b. ❑ 1,5 A c. ❑ 10 A

2. D'après la loi d'Ohm, l'ordre de grandeur de la résistance du conducteur ohmique est égal à :
a. ❑ 10^{-1} Ω b. ❑ 10^{1} Ω c. ❑ 10^{2} Ω

3. La caractéristique du conducteur ohmique permet de montrer la proportionnalité entre *U* et *I* car :
a. ❑ *U* = *I* b. ❑ quand *I* augmente, *U* augmente
c. ❑ c'est une droite qui passe par l'origine

Mémo'Quiz

1. D'après la loi d'Ohm, la résistance *R* d'un conducteur ohmique est égale à :
a) ❑ $R = U \times I$ b) ❑ $R = U/I$ c) ❑ $R = I/U$

2. Pour éviter les risques d'incendie dans un circuit électrique, il ne faut pas :
a) ❑ court-circuiter le générateur électrique
b) ❑ brancher trop d'appareils électriques en série
c) ❑ brancher trop d'appareils électriques en dérivation

→ corrigés p. 127

© Nathan 2017 – Mes Maxi Fiches ABC

Conservation, bilan d'énergie et puissance

19

☐ Lue ☐ Relue ☐ Apprise

mes notes

1 Retenir l'essentiel

A Bilan énergétique

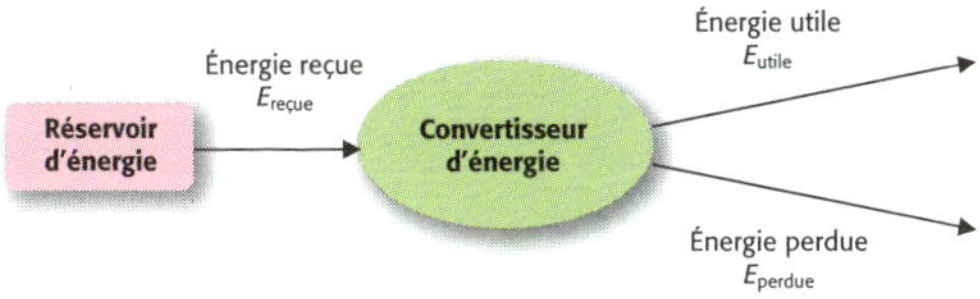

Doc. Chaîne énergétique

● **Une chaîne énergétique indique la succession des transferts et des conversions d'une forme d'énergie en d'autres formes d'énergie**, réalisées par des convertisseurs, à partir d'un réservoir d'énergie.

● **De l'énergie thermique apparaît lors d'une conversion d'énergie.** Cette forme d'énergie, rarement souhaitée, est souvent perdue, dissipée dans l'environnement extérieur.

● **L'énergie se conserve** : $E_{reçue} = E_{utile} + E_{perdue}$.

Exemple : une lampe convertit de l'énergie électrique en énergie lumineuse et en énergie thermique, mais il n'y a pas de création ou de disparition d'énergie. Seules les formes d'énergie changent.

Bien comprendre

Pour une lampe, l'énergie lumineuse est de l'énergie utile, tandis que l'énergie thermique est de l'énergie perdue..

B Énergie et puissance

● **L'énergie E produite ou consommée par un appareil dépend de la puissance P et de la durée t de fonctionnement de l'appareil :**

$$E = P \times t$$

avec :
- E en joules (J), P en watts (W) et t en secondes (s) ;
- ou E en kilowattheures (kWh), P en kilowatts (kW) et t en heures (h).

● **La puissance d'un appareil ou d'un dipôle électrique correspond à l'énergie qu'il consomme ou qu'il produit par unité de temps.** Elle est égale, en watts (W), à :

$$P = U \times I$$

avec :
- U la tension aux bornes de l'appareil en volts (V) ;
- I l'intensité du courant électrique qui traverse l'appareil en ampères (A).

mes notes

2 Application : analyse d'un document

DOC **Chaîne énergétique d'une lampe de poche**

Pour éclairer un objet, il est possible d'utiliser une lampe de poche dans laquelle une ampoule est reliée aux deux bornes d'une pile pour fonctionner.

La chaîne énergétique de la lampe de poche est représentée ci-contre.

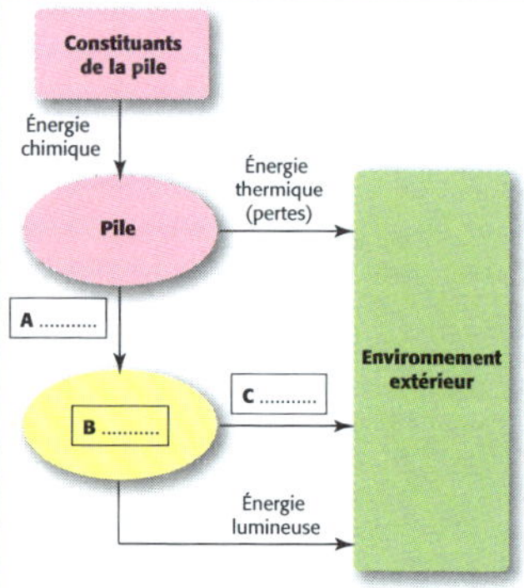

Cochez la ou les bonnes réponses.

1. Dans la chaîne énergétique ci-dessus, la forme d'énergie correspondant au cadre « A » est de l'énergie :
a. ❑ électrique b. ❑ thermique c. ❑ chimique

2. Dans la chaîne énergétique ci-dessus, le convertisseur correspondant au cadre « B » est :
a. ❑ une pile b. ❑ un moteur c. ❑ une ampoule

3. Dans la chaîne énergétique ci-dessus, la forme d'énergie correspondant au cadre « C » est de l'énergie :
a. ❑ électrique b. ❑ thermique c. ❑ lumineuse

Mémo'Quiz

1. L'énergie consommée par un appareil électrique est d'autant plus grande que :
a) ❑ sa durée de fonctionnement est grande
b) ❑ sa puissance est grande
c) ❑ sa puissance est faible

2. La puissance peut être mesurée en :
a) ❑ watts b) ❑ joules c) ❑ kilowattheures

3. L'énergie peut être mesurée en :
a) ❑ watts b) ❑ joules c) ❑ kilowattheures

➜ corrigés p. 127

© Nathan 2017 – Mes Maxi Fiches ABC

Signaux lumineux

20

☐ Lue ☐ Relue ☐ Apprise

mes notes

1 Retenir l'essentiel

A Sources de lumière

- **Une source primaire de lumière produit elle-même la lumière qu'elle émet.**
- **Un objet diffusant est un objet éclairé qui** renvoie dans toutes les directions la lumière qu'il reçoit et **ne produit pas sa propre lumière.**

Exemples : le Soleil ou une lampe torche sont des sources primaires de lumière. La Lune est un objet diffusant.

B Domaines de fréquences

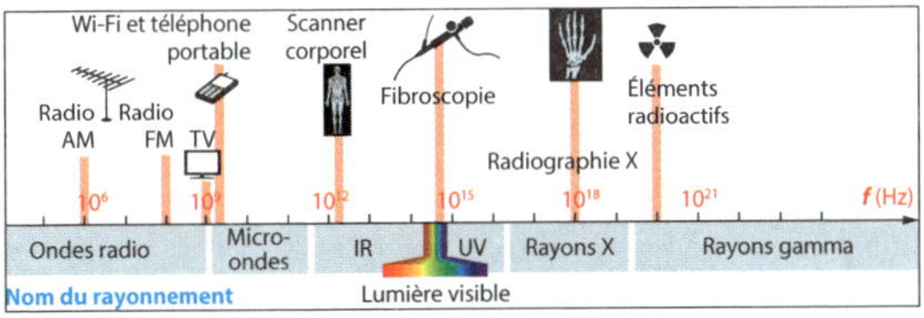

Doc. Ondes électromagnétiques : différentes fréquences pour différentes applications

- **L'œil humain est un récepteur de lumière.** La lumière visible est une onde électromagnétique dont la fréquence appartient à un domaine très restreint, compris entre celui des infrarouges (IR) et celui des ultraviolets (UV).

C Propagation de la lumière

- **La valeur de la vitesse de propagation de la lumière dans le vide est égale à $3{,}0 \times 10^8$ m/s.**
- **Dans un milieu homogène et transparent,** comme l'air, **la lumière se propage en ligne droite** (c'est la propagation rectiligne de la lumière).
- **On modélise le trajet rectiligne de la lumière par un rayon de lumière** qui est une droite munie d'une flèche indiquant son sens de propagation, **de la source de lumière vers l'objet éclairé.**

Piège à éviter

Lorsque l'œil humain perçoit un objet, les rayons lumineux doivent absolument être orientés vers l'œil, car la lumière se propage de l'objet vers l'œil.

mes notes

2 Application : analyse d'un document

DOC **Observation du ciel**

Un observateur contemple le ciel. La photographie ci-contre représente ce qu'il perçoit.

Cochez la ou les bonnes réponses.

1. Les nuages constituent :
a. ❑ des objets diffusants b. ❑ des sources primaires de lumière
c. ❑ des sources primaires de lumière et des objets diffusants

2. Le soleil est :
a. ❑ un objet diffusant b. ❑ une source primaire de lumière
c. ❑ une source primaire de lumière et un objet diffusant

3. L'air qui entoure les nuages est un milieu :
a. ❑ non homogène, car la lumière s'y propage en ligne droite
b. ❑ homogène, car la lumière s'y propage en ligne droite
c. ❑ dans lequel la lumière ne se propage pas

Mémo'Quiz

1. La lumière se propage en ligne droite :
a) ❑ dans tous les milieux matériels b) ❑ seulement dans le vide
c) ❑ dans les milieux transparents et homogènes.

2. Les infrarouges et les ultraviolets :
a) ❑ sont visibles par l'œil humain
b) ❑ n'appartiennent pas au domaine du visible
c) ❑ peuvent être détectés par certains capteurs

3. La Lune :
a) ❑ est une source primaire de lumière
b) ❑ est un objet diffusant
c) ❑ n'émet pas de lumière par elle-même

→ corrigés p. 127

© Nathan 2017 – Mes Maxi Fiches ABC

Signaux sonores et informations transportées par un signal

21

Lue Relue Apprise

mes notes

1 Retenir l'essentiel

A Fréquences des signaux sonores

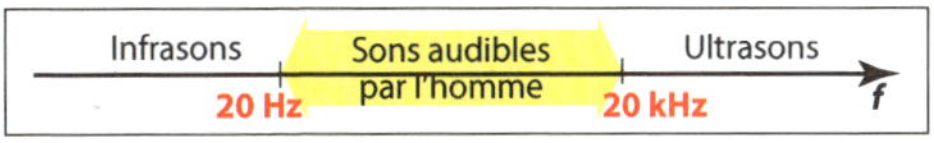

• **L'oreille humaine est un récepteur sensible à des sons dont la fréquence est comprise entre environ 20 Hz et 20 kHz,** domaine situé entre celui des infrasons et celui des ultrasons.

B Propagation des signaux sonores

• **Un son se propage dans l'air, dans l'eau ou dans les solides.** En vibrant, l'émetteur comprime et dilate le milieu matériel avec lequel il est en contact. La vibration peut se transmettre de proche en proche dans la matière environnante.

Remarque

Les ondes lumineuses sont d'une nature différente, elles peuvent se propager dans le vide.

• **Un son se propage dans un milieu matériel mais ne peut pas se propager dans le vide.**

• **La vitesse de propagation du son, *v*, dépend du milieu matériel.**

Exemple : la valeur de la vitesse de propagation du son dans l'air dans les conditions habituelles de pression et de température est de 340 m/s.

• **La distance *d* parcourue par un son pendant la durée *t* est égale à :**

$$d = v \times t$$

avec *d* en mètres (m), *t* en secondes (s) et *v* en m/s.

C Transport d'informations par un signal et sécurité

• **Un signal est défini comme une grandeur physique** (tension, courant, onde sonore ou lumineuse...) **qui transmet une information.**

• **La transmission d'une information s'effectue le long d'une « chaîne » comportant au moins un émetteur et un récepteur.**

• Pour des raisons de sécurité, **les sources lumineuses utilisées**, plus particulièrement le laser, **doivent être manipulées avec précaution**, car elles peuvent présenter des dangers pour les yeux. De même, **l'exposition prolongée à des signaux sonores présente des risques auditifs** parfois irréversibles.

mes notes

2 Application : analyse d'un document

DOC **Photographie en thermographie infrarouge**

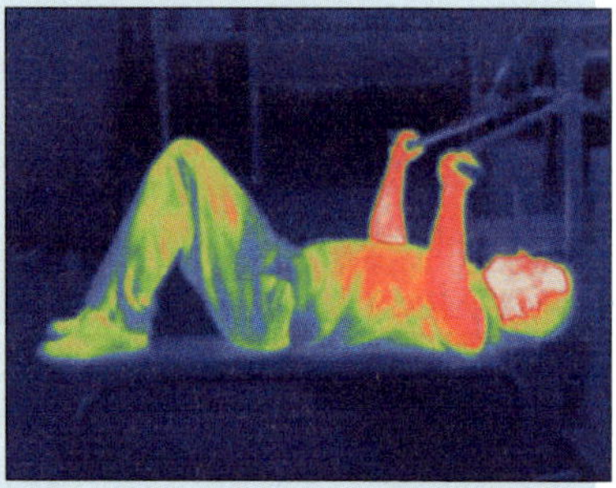

La thermographie infrarouge permet de mesurer à distance la température d'un corps à partir de ses émissions infrarouges et d'évaluer, par exemple, le confort ressenti par une personne par thermographie de son visage. Sur les caméras infrarouges, les zones correspondant aux différentes températures sont représentées en fausses couleurs. Les températures les plus élevées sont représentées le plus souvent en rouge, la température de la source diminuant graduellement lorsque la coloration passe à l'orange, au jaune, au vert et au bleu.

Cochez la ou les bonnes réponses.

1. L'information transportée par les signaux infrarouges est :
a. ❑ la température de l'air
b. ❑ la température de la caméra
c. ❑ la température de la zone du corps émettrice du signal

2. Les bras de la personne constituent une zone :
a. ❑ plutôt froide b. ❑ très froide c. ❑ plutôt chaude

Mémo'Quiz

1. Les sons :
a) ❑ se propagent dans les liquides
b) ❑ ne se propagent pas dans l'air
c) ❑ ne se propagent que dans un milieu matériel

2. La lumière et le son :
a) ❑ ne transportent aucune information
b) ❑ peuvent transporter une information
c) ❑ se propagent dans le vide

→ corrigés p. 127

© Nathan 2017 – Mes Maxi Fiches ABC

Le système solaire

22

☒ Lue ☐ Relue ☐ Apprise

mes notes

1 Retenir l'essentiel

A Place de la Terre dans le système solaire

- Depuis Copernic (XVIe siècle) et Galilée (XVIIe siècle), le monde scientifique admet que **la Terre et les autres planètes sont en mouvement autour d'une étoile : le Soleil.**
- **La Terre**, située à environ 150 millions de kilomètres du Soleil, **effectue une révolution complète autour de ce dernier en un peu plus de 365 jours et 6 heures.**
- **La distance Terre-Soleil permet de définir une unité de distance appelée unité astronomique (UA).** L'unité astronomique est utilisée pour mesurer des distances dans notre système solaire.

Exemple : Mars est à 1,52 UA du Soleil.

Vocabulaire

Système solaire : ensemble de planètes et d'astéroïdes en mouvement autour du Soleil.

B Planètes telluriques et planètes gazeuses

Le système solaire comporte 8 planètes :

- les 4 planètes les plus proches du Soleil sont principalement constituées de **roches et de métaux** et entourées d'une fine couche de gaz (l'atmosphère). Ce sont les planètes telluriques (du latin *tellus* qui signifie « terre », « sol ») : **Mercure, Vénus, la Terre et Mars** ;
- les 4 planètes les plus lointaines sont essentiellement constituées de **gaz (hélium et hydrogène)** entourant probablement un cœur solide fait de roches et/ou de glace. Ce sont les planètes gazeuses : **Jupiter, Saturne, Uranus et Neptune**.

L'astuce du prof

Une phrase pour retenir l'ordre des planètes : **M**on **V**ieux **T**outou **M**édor **J**oue **S**ur **U**n **N**uage.

C Forme et rotation de la Terre

- **La Terre n'est pas une sphère parfaite.** Elle est légèrement aplatie aux pôles et renflée à l'équateur à cause de sa vitesse de rotation (plus de 1 600 km/h à l'équateur !). Ainsi, le diamètre de la Terre à l'équateur (12 756 km) mesure 43 km de plus que celui entre les pôles.
- **La croûte terrestre et les océans sont eux aussi déformés à cause de l'attraction de la Lune et du Soleil** (qui explique également le phénomène des marées).

mes notes

2 Application : analyse d'un document

DOC **Le système solaire selon Aristote**

La carte ci-dessous présente le système solaire tel que se le représentait Aristote (un philosophe grec du IVe siècle avant J.-C.).

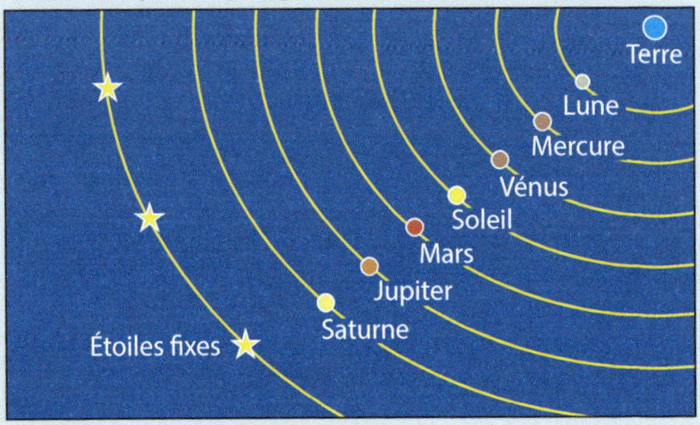

Cochez la ou les bonnes réponses.

1. Dans le système d'Aristote, la Terre est :
a. ☐ en mouvement autour du Soleil
b. ☒ fixe
c. ☐ en mouvement autour de toutes les planètes

2. Dans le système d'Aristote, les planètes connues aujourd'hui sont :
a. ☐ toutes présentes et dans l'ordre
b. ☐ toutes présentes mais dans le désordre
c. ☒ presque toutes présentes et dans le désordre

Mémo'Quiz

1. La Terre, Mars et Vénus sont des planètes :
a) ☐ gazeuses b) ☒ telluriques c) ☐ rocheuses

2. La Terre exécute une révolution complète autour du Soleil en :
a) ☐ un jour b) ☐ un mois c) ☒ une année

3. La Terre est constituée essentiellement :
a) ☒ de roches et de métaux b) ☐ d'hélium et d'hydrogène
c) ☐ de métaux

➜ corrigés p. 127

© Nathan 2017 – Mes Maxi Fiches ABC

Activité interne de la planète Terre

23

☒ Lue ☐ Relue ☐ Apprise

mes notes

1 Retenir l'essentiel

A La production d'énergie thermique par la Terre

● **Lors de sa formation, la Terre était une masse de roches et de métaux en fusion.** Son **refroidissement** a permis la création d'une croûte solide, mais la Terre libère encore aujourd'hui l'énergie produite au moment de sa formation.

● **La Terre produit aussi de l'énergie thermique à cause de réactions nucléaires** qui ont lieu dans son manteau et son noyau.

Remarque

L'intérieur de la Terre se refroidit très lentement. Il aurait perdu uniquement 3 à 6 °C depuis l'extinction des dinosaures, il y a 65 millions d'années.

B Des manifestations de l'activité interne

● **La planète Terre libère de l'énergie thermique à sa surface.** Ce flux d'énergie peut être mesuré ; il est beaucoup plus faible que celui que le Soleil envoie sur Terre (4 000 fois inférieur).

● **L'énergie thermique de la Terre est parfois libérée** de manière spectaculaire **lors des éruptions volcaniques ou dans des geysers.**

C Les mouvements des plaques lithosphériques

● **La lithosphère est morcelée en une douzaine de grandes plaques jointives** comme les pièces d'un puzzle. Certaines de ces plaques portent des continents.

● **L'énergie produite par la Terre est à l'origine de mouvements très lents des roches dans l'asthénosphère**, qui entraînent le déplacement des plaques lithosphériques (quelques centimètres par an).

● **Les mouvements des plaques lithosphériques sont responsables**, à leurs limites, **de l'ouverture des océans et de la formation des chaînes de montagnes.**

Vocabulaire

■ **Plaque lithosphérique :** ensemble solide et rigide formé de roches de la croûte et d'une partie de roches du manteau.

■ **Asthénosphère :** ensemble solide et déformable de roches du manteau.

mes notes

2 Application : analyse d'un document

DOC **Le contexte géologique de la plaque arabique**

Pour déterminer le déplacement des plaques lithosphériques les unes par rapport aux autres, on étudie les mouvements de balises GPS fixées sur des îles ou des continents.

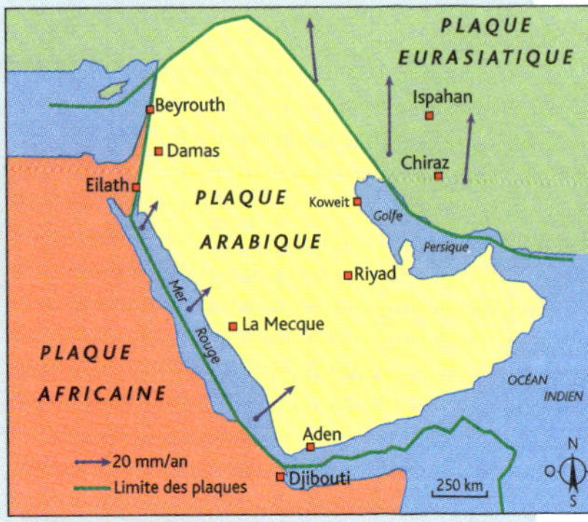

Cochez la ou les bonnes réponses.

1. Sur la carte ci-dessus, la plaque eurasiatique se déplace à une vitesse d'environ :

a. ☒ 20 mm/an b. ☒ 40 mm/an c. ☐ 60 mm/an

2. La plaque arabique se déplace vers :

a. ☐ la plaque africaine b. ☒ la plaque eurasiatique

c. ☐ les plaques africaine et eurasiatique

3. Si on considère la plaque africaine comme fixe, la limite de plaques entre la plaque arabique et la plaque africaine est une zone :

a. ☐ de fermeture océanique

b. ☐ de formation de chaînes de montagnes

c. ☒ d'ouverture océanique

Mémo'Quiz

1. L'énergie interne libérée par la Terre provient :

a) ☐ de réactions nucléaires internes à la planète

b) ☐ de l'énergie solaire accumulée

c) ☒ de l'énergie de formation initiale de la Terre

2. L'asthénosphère est une enveloppe rocheuse :

a) ☐ solide et rigide b) ☐ liquide et déformable

c) ☒ solide et déformable

→ corrigés p. 127

© Nathan 2017 – Mes Maxi Fiches ABC

Histoire de la Terre

24

Lue Relue Apprise

mes notes

1 Retenir l'essentiel

A Durée géologique et durée humaine

- **Les premières formes de vie datent de 3,8 milliards d'années.** Les plus anciens vertébrés ont 530 millions d'années, et les plus anciens représentants du genre humain sont âgés de 2,5 millions d'années.
- **L'histoire de la Terre est décrite depuis plus de 4,4 milliards d'années** avec les plus vieilles roches connues, alors que l'histoire humaine est décrite depuis 3 500 ans avec les premières écritures.

Remarque

Si la durée de l'histoire de la Terre correspond aux douze heures d'une horloge, l'histoire de l'humanité n'occupe que les deux dernières minutes.

B Découpage du temps en ères géologiques

- **L'histoire de la Terre est découpée en 4 grandes ères.** Chaque ère est séparée de la précédente par un événement majeur qui a affecté la planète entière.
- **L'ère précambrienne** (de – 4,4 milliards d'années à – 540 millions d'années) est l'ère la plus longue et se termine par l'explosion de la vie dans les océans.
- **Après l'ère précambrienne, on décrit les ères :**
– paléozoïque, ou ère primaire ;
– mésozoïque, ou ère secondaire ;
– cénozoïque, ou ère tertiaire-quaternaire.
- **Ces ères sont séparées par des extinctions massives d'espèces** provoquées par une chute de météorite géante et/ou du super-volcanisme et/ou un changement climatique brutal. C'est le cas, par exemple, de la disparition de 80 % des espèces continentales et marines à la fin de l'ère secondaire.

Vocabulaire

- **Paléozoïque** : la vie ancienne.
- **Mésozoïque** : la vie du milieu.
- **Cénozoïque** : la vie récente.

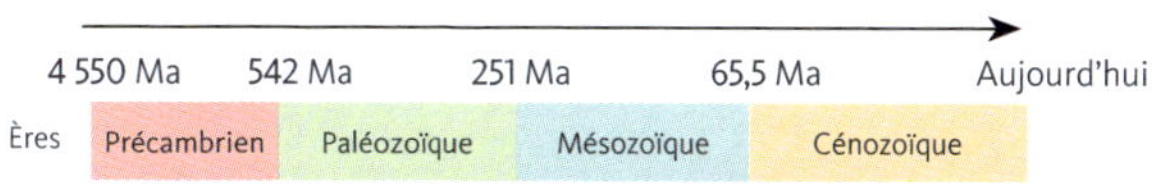

Doc. Échelle des temps géologiques

mes notes

2 Application : analyse d'un document

DOC **Des fossiles témoins d'une géographie disparue**

On connaît des fossiles représentant des organismes identiques en Afrique et en Amérique du Sud.

Fossile de reptile trouvé en Afrique et en Amérique, le *Mesosaurus*. Ce petit reptile de lac d'eau douce vivait il y a 260 millions d'années.

Fossile de fougère trouvé en Afrique et en Amérique, le *Glossopteris*. Cette plante terrestre poussait il y a 240 millions d'années.

Cochez la ou les bonnes réponses.

1. La présence de fossiles communs sur ces deux continents séparés par l'océan Atlantique s'explique par :

a. ❑ le hasard b. ❑ l'intervention de l'Homme

c. ☒ le déplacement des continents

2. Par rapport au fossile de *Mesosaurus*, le fossile de *Glossopteris* est :

a. ☒ plus récent b. ❑ contemporain c. ❑ plus ancien

3. L'Afrique et l'Amérique du Sud se sont séparées il y a :

a. ☒ moins de 240 millions d'années

b. ❑ entre 240 et 260 millions d'années

c. ❑ plus de 260 millions d'années

Mémo'Quiz

1. Les quatre ères géologiques sont :

a) ❑ découpées au hasard b) ❑ de même durée

c) ☒ valables pour le monde entier

2. L'âge de la Terre est estimé à :

a) ☒ 4,4 milliards d'années b) ☒ 4 400 millions d'années

c) ☒ 4,4 Ga

→ corrigés p. 127

© Nathan 2017 – Mes Maxi Fiches ABC

Phénomènes météorologiques et climatiques

25

☒ Lue ☐ Relue ☐ Apprise

mes notes

1 Retenir l'essentiel

A Différences entre météo et climat

- **La météo** désigne le temps sur de **courtes périodes** (quelques jours) **et dans un lieu géographique très localisé** (ville, région).
- **Le climat** désigne le temps sur de **longues périodes** (des milliers, voire des millions d'années) **et sur des régions très étendues** (un pays, un continent).
- **La météo et le climat utilisent** les mêmes grandeurs : **les températures, les précipitations**.

B Les trois grandes zones climatiques mondiales actuelles

- **Dans les zones polaires**, situées autour des pôles, les températures sont très basses durant toute l'année.
- **Dans la zone tropicale**, située autour de l'équateur, les températures sont élevées, et une saison sèche alterne avec une saison humide.
- **Dans la zone tempérée**, située entre les zones polaires et la zone tropicale, les quatre saisons sont bien marquées.

Important

L'altitude a aussi un effet sur le climat local. Les sommets des Andes au Pérou sont couverts de neige toute l'année, alors qu'ils sont dans la zone tropicale.

C Les changements climatiques

- Les zones climatiques mondiales actuelles n'ont pas toujours existé.
- **L'étude des roches et des fossiles** que contiennent ces roches **permet aux géologues de reconstituer des paléoclimats**.

  Exemple : au Carbonifère (il y a environ 300 millions d'années), le climat était tropical en Europe.

Vocabulaire

Paléoclimat : climat ancien décrit à partir d'indicateurs comme les fossiles.

- **Le déplacement des continents** au cours des temps géologiques **est une des causes des changements climatiques du passé**.

  Exemple : il y a 300 millions d'années, le continent eurasiatique occupait une position tropicale, et son climat était plus chaud.

mes notes

2 Application : analyse d'un document

DOC Un climat du passé

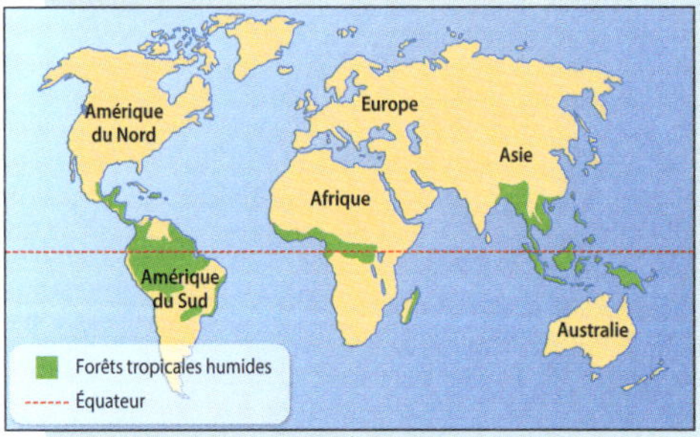

Localisation actuelle des fougères arborescentes

Des gisements de charbon vieux de 300 millions d'années ont été exploités en France. Ce charbon a livré des fossiles de fougères arborescentes. La carte ci-contre indique la répartition actuelle des fougères arborescentes.

Cochez la ou les bonnes réponses.

1. Les fougères arborescentes actuelles sont essentiellement localisées :

a. ☐ dans l'hémisphère Nord b. ☐ dans les zones tempérées

c. ☒ dans les zones tropicales

2. La présence de fossiles de fougères arborescentes en France s'explique par :

a. ☐ l'importation de charbon en France

b. ☒ un climat tropical en France, il y a 300 millions d'années

c. ☒ un changement de position des continents

Mémo'Quiz

1. Le climat désigne le temps qu'il fait :

a) ☐ sur quelques jours b) ☐ sur quelques semaines

c) ☒ sur au moins plusieurs centaines d'années

2. Les zones climatiques polaires de la Terre sont caractérisées par :

a) ☐ de fortes pluies en été

b) ☒ des températures basses toute l'année

c) ☐ quatre saisons bien marquées

3. Les climats connus sur Terre :

a) ☐ ne changent jamais b) ☒ ont déjà changé

c) ☒ changeront à nouveau

→ corrigés p. 127

© Nathan 2017 – Mes Maxi Fiches ABC

Influence de l'Homme sur le climat

26

☒ Lue ☐ Relue ☐ Apprise

mes notes

1 Retenir l'essentiel

A Le changement climatique actuel

- **Depuis 1880,** des mesures réalisées dans le monde entier montrent que **la température moyenne de l'atmosphère et des océans augmente.**
- **Cette augmentation de la température est plus marquée dans certaines régions**. Ainsi, elle est plus forte dans la zone polaire de l'hémisphère Nord que dans la zone tempérée.
- **L'augmentation de la température moyenne de la Terre s'accompagne de changements dans la répartition des précipitations** : certaines régions deviennent plus humides, d'autres plus arides.

À retenir

La température moyenne de surface de la Terre est de + 15 °C.

Remarque

C'est la baisse des précipitations neigeuses qui explique le recul de nombreux glaciers.

B L'influence des activités humaines sur le climat actuel

- Depuis 1880, date de la révolution industrielle, le nombre d'êtres humains sur Terre est passé d'environ 1 milliard d'individus à **plus de 7 milliards aujourd'hui**.
- Cette explosion démographique a entraîné le développement des industries, de l'agriculture et des transports, qui sont à l'origine du **rejet de quantités colossales de dioxyde de carbone (CO_2) dans l'atmosphère**.
- **Le dioxyde de carbone, mais aussi le méthane et la vapeur d'eau, sont des gaz à effet de serre.**

Vocabulaire

Effet de serre : phénomène naturel dans lequel des gaz de l'atmosphère entraînent un réchauffement de la surface de la Terre.

C Des engagements pour limiter le réchauffement climatique

- **Lors de la Conférence mondiale sur le climat** en 2015 à Paris, **195 pays ont pris des engagements pour réduire leurs rejets de dioxyde de carbone** et ainsi limiter l'augmentation de la température moyenne mondiale.
- Les experts estiment qu'**il faut limiter l'augmentation moyenne de la température à + 2 °C au maximum**, si l'on veut réduire les conséquences négatives du réchauffement.

mes notes

2 Application : analyse d'un document

DOC Le recul des glaciers

La Mer de Glace est le plus gros glacier de France. Aujourd'hui, ce glacier alpin proche du Mont-Blanc mesure au total 7 km de long, son épaisseur est d'environ 200 m.

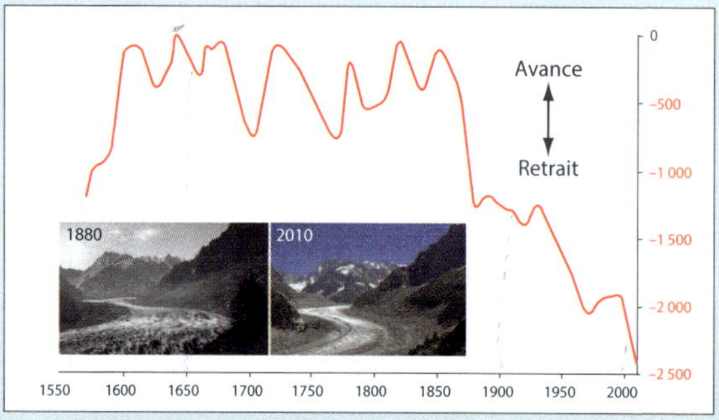

Retrait de la Mer de Glace, 1560-2010 (position du front, en mètres par rapport au maximum de 1650). *(Source : Nussbaumer et Rouille.)*

Cochez la ou les bonnes réponses.

1. Entre 1550 et 1650, la Mer de Glace a :
a. ☒ avancé b. ☐ stagné c. ☐ reculé

2. Entre 1900 et 2010, le retrait de la Mer de Glace a été :
a. ☐ de plus de 3 km b. ☒ de plus de 1 000 mètres c. ☐ nul

3. À son maximum en 1650, le glacier de la Mer de Glace avait une longueur de :
a. ☐ 19,5 km b. ☐ 4,5 km c. ☒ 9,5 km

Mémo'Quiz

1. L'Homme influence le climat à cause de :
a) ☐ sa respiration b) ☒ ses moyens de transport
c) ☒ ses industries

2. L'effet de serre réchauffe la Terre :
a) ☐ jusqu'au noyau b) ☒ à cause du CO_2 c) ☒ en surface

➜ corrigés p. 127

© Nathan 2017 – Mes Maxi Fiches ABC

L'Homme face aux aléas de l'environnement

27

☒ Lue ☐ Relue ☐ Apprise

mes notes

1 Retenir l'essentiel

A Aléa et risque

- **Un aléa de l'environnement est un phénomène que l'on ne peut pas prévoir.** Il peut être naturel (séisme, éruption volcanique, cyclone, inondation...) ou lié aux activités humaines (incident nucléaire, pollution chimique...).
- **Un risque existe quand un aléa peut survenir dans une zone habitée par l'Homme et avoir des conséquences défavorables** (destructions, victimes).

Vocabulaire

Risque : combinaison entre un danger probable et la présence humaine.

À retenir

Le risque sismique est de loin le plus meurtrier de tous les risques naturels. Par exemple, on a dénombré plus de 400 000 morts entre 1970 et 1979 en raison de séismes.

B L'Homme face aux risques naturels

- Dans certains cas, **on peut mettre en place des mesures de prévention des risques**.
  Exemple : des alertes météorologiques en cas de tempête sont données quelques heures avant.
- **Il existe aussi des mesures de protection**.
  Exemple : les constructions parasismiques dans les zones à fort risque sismique sont conçues pour résister aux séismes.
- **Enfin, il est également possible d'atténuer les risques.**
  Exemple : la construction de digues permet d'atténuer les risques d'inondation.

Remarque

La construction de digues atténue les risques d'inondation, mais ne les élimine pas.

C Vivre dans une zone à risque

- **La vie dans une zone à risque implique certains comportements** collectifs et individuels.
- **En France, l'État établit des plans de prévention des risques naturels et technologiques** pour informer la population. Ces plans servent à indiquer où il est possible de construire et dans quelles conditions.
- **Chacun de nous doit connaître les comportements à adopter** en cas de confrontation à un risque majeur : incendie, séisme...

mes notes

2 Application : analyse d'un document

DOC **La prévention des risques sismiques en France**

La carte ci-contre représente le plan de prévention sismique de la région Provence-Alpes-Côte d'Azur.

« Sismicité » est synonyme de « risque sismique ».

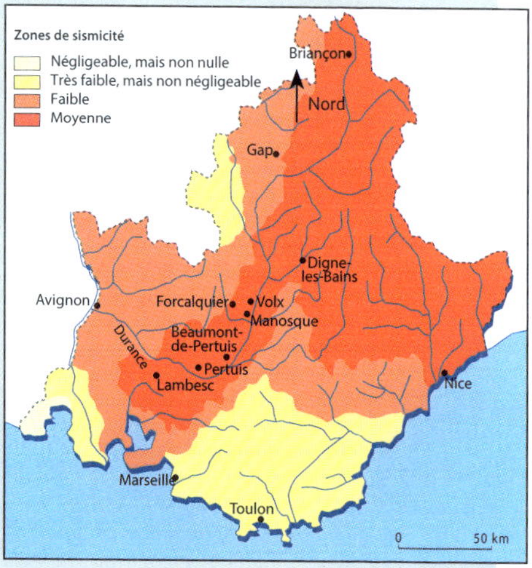

Cochez la ou les bonnes réponses.

1. Dans la région Provence-Alpes-Côte d'Azur, le risque sismique est :
a. ☐ fort sur la partie centrale
b. ☒ différent selon les zones
c. ☒ parfois négligeable

2. Le risque sismique est plus fort à Gap qu'à :
a. ☐ Lambesc
b. ☐ Avignon
c. ☒ Marseille

3. Du Nord au Sud, la zone de risque sismique moyen s'étend sur environ :
a. ☐ 50 km
b. ☐ 100 km
c. ☒ 200 km

Mémo'Quiz

1. Une mesure qui permet d'avertir la population en cas de risque naturel ou technologique est une mesure :
a) ☒ de prévention
b) ☐ de protection
c) ☐ d'atténuation

2. Une construction parasismique sert à :
a) ☒ résister aux séismes
b) ☐ détecter les séismes
c) ☒ protéger les habitants

→ corrigés p. 127

© Nathan 2017 – Mes Maxi Fiches ABC

Ressources naturelles

28

☒ Lue ☐ Relue ☐ Apprise

mes notes

1 Retenir l'essentiel

A Exploitation des ressources naturelles

- **L'Homme exploite les ressources de la planète pour assurer son alimentation** (eau potable, ressources en poissons des océans), **cultiver et pratiquer l'élevage** (eau d'irrigation, sols), **se procurer de l'énergie** (charbon, pétrole, gaz), **construire** (roches, bois), etc.

- **Les ressources naturelles ne sont pas toutes inépuisables.**
Les **réserves d'eau** deviennent **rares** dans de nombreuses régions du monde. Des **espèces** de poissons sont **menacées** ou disparaissent à cause de la pêche excessive. Les **réserves de combustibles fossiles** (charbon, pétrole, gaz) sont **limitées** et finiront par disparaître d'ici un à deux siècles.

Vocabulaire

Ressource naturelle : matière première ou source d'énergie naturelle permettant de subvenir aux besoins des êtres humains.

B Solutions de préservation et de restauration des ressources

L'Homme a mis en place des mesures de préservation des ressources naturelles :

- **l'utilisation des sources d'énergie renouvelables** ;
  Exemples : énergie éolienne, géothermie, hydraulique, biomasse...
- **des accords internationaux pour limiter la pêche**, **le rejet de polluants...** ;
- **une modification de nos habitudes de consommation** ;
  Exemples : éviter le gaspillage, acheter des produits locaux, se déplacer en transports en commun...
- **la réduction des pollutions des cours d'eau et la protection des espèces** qui les peuplent pour améliorer la qualité de l'eau ;
- **la gestion des forêts** pour retrouver de la biodiversité ;
- **le développement de l'agriculture biologique** pour que les sols redeviennent fertiles (arrêt des labours, restes de récoltes laissés au sol, cultures tournantes, etc.).

Remarque

L'énergie la mieux préservée est celle que l'on ne consomme pas. Chacun de nous peut réduire sa consommation d'énergie au quotidien.

mes notes

2 Application : analyse d'un document

DOC **La gestion des sources d'énergie**

Les diagrammes ci-dessous représentent la part des différentes sources d'énergie dans la production électrique en Europe.

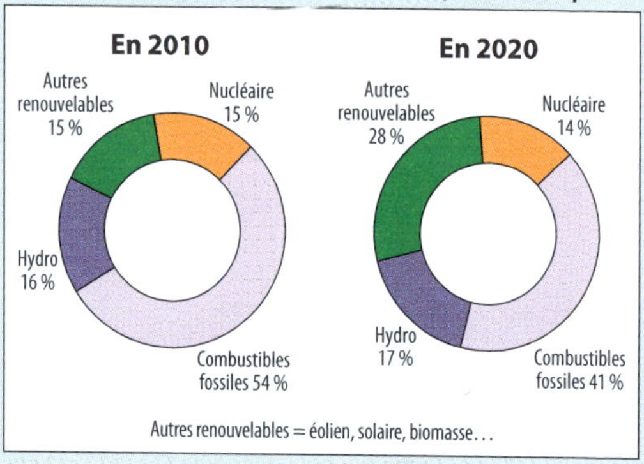

Cochez la ou les bonnes réponses.

1. Entre 2010 et 2020, la part des combustibles fossiles dans la production électrique devrait :

a. ❑ augmenter b. ❑ stagner c. ☒ baisser

2. En 2010, la part des énergies renouvelables (y compris l'hydroélectricité) est :

a. ❑ plus forte b. ☒ plus faible

c. ❑ à peu près égale à la part des combustibles fossiles

3. Entre 2010 et 2020, le plus fort développement est attendu pour :

a. ❑ le nucléaire b. ❑ l'hydroélectricité

c. ☒ les autres sources d'énergie renouvelables

Mémo'Quiz

1. Les ressources en combustibles fossiles sont :

a) ☒ limitées b) ❑ illimitées c) ❑ renouvelables

2. La réduction des rejets polluants permet d'améliorer :

a) ☒ la biodiversité b) ☒ la qualité de l'eau c) ☒ la qualité de l'air

→ corrigés p. 127

© Nathan 2017 – Mes Maxi Fiches ABC

Organisation et fonctionnement des animaux

29

☒ Lue ☐ Relue ☐ Apprise

mes notes

1 Retenir l'essentiel

A Des niveaux d'organisation emboîtés les uns dans les autres

● **Tous les animaux sont constitués d'appareils et de systèmes qui coopèrent entre eux** pour assurer le fonctionnement de leur organisme.

● Les appareils sont faits d'**organes** qui sont eux-mêmes constitués de **tissus**, eux-mêmes faits de **cellules**.

Exemples : l'appreil digestif comporte un **estomac**, un foie, un pancréas (des organes). L'estomac est fait de **tissu musculaire**, de tissu conjonctif. Le tissu musculaire contient des **cellules musculaires**, mais aussi des cellules nerveuses.

Vocabulaire

■ **Organe** : ensemble de tissus qui participent à la réalisation d'une fonction.

■ **Tissu** : ensemble de cellules spécialisées.

B Des systèmes de transport des nutriments

● **Toutes les cellules ont besoin de nutriments**, mais certaines sont très éloignées de l'appareil digestif.

● **Un système de vaisseaux ramifiés** dans lequel circule un liquide nutritif **permet d'approvisionner toutes les cellules**, même les plus éloignées : c'est le **système circulatoire.**

Important

Le liquide nutritif peut aussi transporter les gaz respiratoires. C'est le cas du sang chez les vertébrés.

C Une nutrition assistée par des microbes

● **Le tube digestif des animaux contient de nombreux microbes bénéfiques** :
- pour la digestion des fibres végétales chez les herbivores ;
- pour la digestion ou l'absorption de certains nutriments chez les autres animaux.

● **Cette flore microbienne assure également une protection contre les infections.**

Remarque

Le nombre de bactéries présentes dans le tube digestif humain est à peu près égal au nombre de cellules du corps humain, c'est-à-dire environ 30 mille milliards !

mes notes

2 Application : analyse d'un document

DOC **Les niveaux d'organisation chez un mammifère**

	Appareils	Organes	Tissus	Cellules
Un être vivant est un organisme.	Un organisme est constitué de plusieurs appareils ou systèmes.	Un appareil est constitué de plusieurs organes.	Un organe est constitué de plusieurs tissus.	Un tissu est formé de nombreuses cellules.
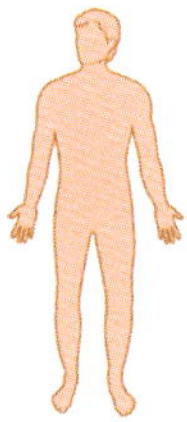	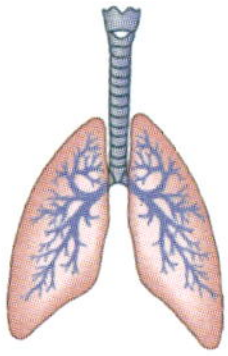	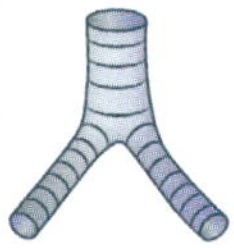	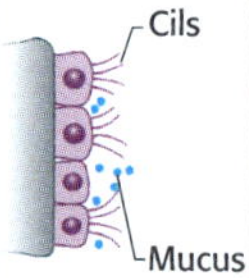	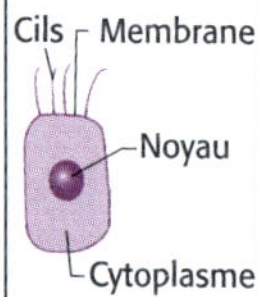
Exemple : l'être humain.	**Exemple :** l'appareil respiratoire (en dm).	**Exemple :** les bronches (en cm).	**Exemple :** le tissu bronchique (en mm).	**Exemple :** la cellule des bronches (en 1/1 000e mm).

Cochez la ou les bonnes réponses.

1. Un organe est un assemblage :
a. ☐ d'appareils b. ☐ de cellules c. ☒ de tissus

2. Un appareil mesure quelques :
a. ☐ centimètres b. ☒ décimètres c. ☐ millimètres

3. Les bronches sont des :
a. ☐ appareils b. ☐ organes c. ☒ tissus

Mémo'Quiz

1. Le système circulatoire des animaux distribue :
a) ☐ de l'air b) ☒ de l'eau c) ☒ des nutriments

2. Les bactéries contenues dans le tube digestif des animaux sont :
a) ☐ pathogènes b) ☒ inoffensives c) ☒ bénéfiques

→ corrigés p. 127

© Nathan 2017 – Mes Maxi Fiches ABC

Organisation et fonctionnement des végétaux

30

☒ Lue ☐ Relue ☐ Apprise

mes notes

1 Retenir l'essentiel

A Des organes spécialisés dans le prélèvement des ressources

- **Les racines des végétaux** occupent une grande surface dans le sol, ce qui leur permet d'**absorber l'eau et les sels minéraux** dont ils ont besoin.
- **Les feuilles** nombreuses et aplaties des végétaux occupent aussi une grande surface. Elles **assurent l'absorption des gaz : dioxyde de carbone (CO_2) et dioxygène (O_2)**. Elles captent aussi la lumière dont les végétaux ont besoin.

À savoir

La lumière est une source d'énergie pour les végétaux.

- **Les tiges contiennent des vaisseaux qui conduisent la sève brute** (eaux et ions minéraux) des racines vers les feuilles.

B Des cellules spécialisées dans la production de matière

- **Les cellules chlorophylliennes produisent des glucides** à partir d'eau et de dioxyde de carbone en convertissant l'énergie lumineuse : c'est la **photosynthèse**.
- **Les cellules végétales produisent des lipides et des protides** à partir des glucides issus de la photosynthèse et des sels minéraux absorbés par les racines.

Important

La matière produite par les végétaux n'est pas différente de celle produite par les animaux : glucides, protides et lipides.

C Transport, utilisation et stockage de la matière végétale

- **Des vaisseaux permettent la circulation de la sève élaborée dans l'ensemble du végétal**. Cette sève contient un glucide essentiel à la nutrition des cellules : le **saccharose**.
- **Les cellules végétales utilisent le saccharose pour le convertir en énergie, le transformer ou le stocker.**

Remarque

Le sucre de table, fabriqué à partir de la canne à sucre ou de la betterave sucrière, contient plus de 96 % de saccharose.

mes notes

2 Application : analyse d'un document

DOC **Échanges et transport de matières dans une plante**

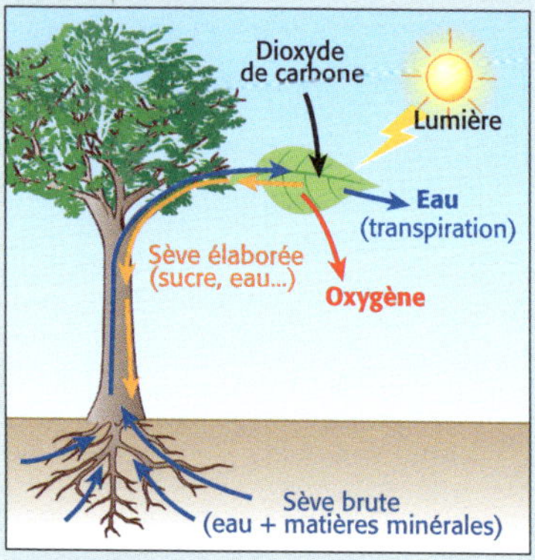

Circulation des sèves dans une plante

Cochez la ou les bonnes réponses.

1. La sève brute contient :
a. ☒ de l'eau   b. ☒ des ions minéraux   c. ❑ du sucre

2. La sève élaborée circule :
a. ☒ seulement des feuilles vers les racines
b. ❑ seulement des racines vers les feuilles
c. ❑ dans les deux sens

3. L'eau contenue dans la sève brute :
a. ☒ provient du sol   b. ❑ est totalement conservée par la plante
c. ☒ est en partie transpirée par les feuilles

4. La feuille absorbe :
a. ☒ du dioxyde de carbone   b. ☒ de la lumière   c. ❑ du dioxygène

Mémo'Quiz

1. La grande surface occupée par les feuilles d'un végétal absorbe :
a) ☒ les gaz de l'air   b) ☒ la lumière   c) ❑ l'eau

2. Les cellules végétales produisent :
a) ☒ des glucides   b) ☒ des lipides   c) ☒ des protides

→ corrigés p. 127

© Nathan 2017 – Mes Maxi Fiches ABC

Diversité génétique des êtres vivants

31

☒ Lue ☐ Relue ☐ Apprise

mes notes

1 Retenir l'essentiel

A Des gamètes chez les animaux et les végétaux

Les gamètes sont produits dans des organes spécialisés :

- chez les animaux : **dans les testicules** pour les spermatozoïdes et **dans les ovaires** pour les ovules ;
- chez les plantes à fleurs : **dans les étamines** pour les spermatozoïdes et **dans le pistil** pour les ovules.

Vocabulaire

Gamète : cellule spécialisée dans la reproduction sexuée.

B Diversité génétique des gamètes

- Chez les animaux et les végétaux, **les cellules qui vont devenir des gamètes possèdent des paires de chromosomes.**
- Au moment de la formation des gamètes, un chromosome de chaque paire est réparti au hasard. Ainsi, **chaque gamète contient la moitié du patrimoine génétique de l'individu qui l'a produit.**
- **Chaque individu produit des millions de gamètes génétiquement différents.**

L'astuce du prof

Pour dessiner la répartition des chromosomes, on sépare d'abord les chromosomes de chaque paire (1re division), puis les chromatides de chaque chromosome (2e division).

C Fécondation et loterie génétique

- **Au moment de la fécondation, un spermatozoïde** parmi tous ceux qui ont été produits **fusionne au hasard avec un ovule** parmi tous ceux qui ont été produits.
- **La cellule-œuf issue de la fécondation est génétiquement originale.** La moitié de ses chromosomes sont d'origine maternelle et l'autre d'origine paternelle.
- **La fécondation augmente la diversité génétique** en combinant les chromosomes des gamètes.

Remarque

Même les vrais jumeaux ne sont pas totalement identiques génétiquement, chacun d'entre eux possède des mutations qui lui sont propres.

mes notes

2 Application : analyse d'un document

DOC **Diversité des gamètes et loterie génétique**

Le tableau de croisement ci-contre représente toutes les combinaisons possibles de chromosomes (deux paires) lors d'une fécondation.
Les cellules représentées à l'intersection des lignes et des colonnes sont des cellules-œufs.

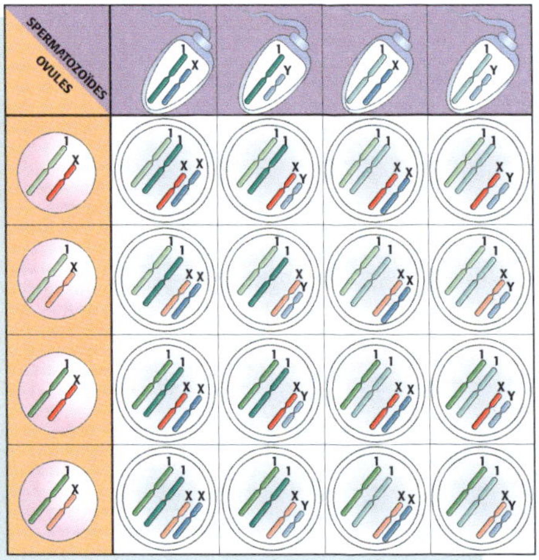

Cochez la ou les bonnes réponses.

1. Un spermatozoïde contient :
a. ☐ une paire de chromosomes
b. ☐ deux paires de chromosomes
c. ☒ un chromosome de chaque paire

2. Les cellules-œufs contiennent :
a. ☐ deux chromosomes
b. ☒ deux paires de chromosomes
c. ☒ des chromosomes à deux chromatides

3. Le nombre de cellules-œufs différentes proposées ci-dessus est :
a. ☐ 4
b. ☐ 8
c. ☒ 16

Mémo'Quiz

1. Une cellule-œuf est :
a) ☒ le résultat d'une fécondation
b) ☐ génétiquement identique aux autres cellules-œufs
c) ☒ génétiquement originale

2. Lors de la formation des gamètes, les chromosomes sont répartis :
a) ☐ par paires
b) ☒ au hasard
c) ☐ par taille

→ corrigés p. 127

© Nathan 2017 – Mes Maxi Fiches A3C

Biodiversité à différentes échelles

32

☒ Lue ☐ Relue ☐ Apprise

mes notes

1 Retenir l'essentiel

A Plusieurs niveaux de biodiversité

● **La biodiversité dépend :**
– **du nombre d'espèces différentes** dans un endroit donné ;
– **de la différence de diversité entre tous les écosystèmes** qui composent le lieu étudié ;
– **de la diversité à l'échelle de la région géographique** et de son évolution au cours du temps.

Vocabulaire

■ **Écosystème** : milieu de vie et êtres vivants qui le peuplent.
■ **Clé de détermination** : outil qui permet d'identifier un être vivant à partir de ses caractéristiques.

B La mesure de la biodiversité

● **La mesure de la biodiversité repose sur un inventaire des différentes espèces présentes dans un milieu de vie.**

● **Les espèces sont identifiées à partir de clés de détermination.**

● Un comptage ou une estimation du nombre d'individus de chaque espèce est réalisé.

Exemples : comptage d'oiseaux à partir d'observatoires, inventaire de tous les végétaux dans une forêt par l'ONF, repérage et suivi des populations de dauphins en Méditerranée.

Astuce

La richesse d'un milieu dépend du nombre d'espèces présentes et du nombre d'individus dans chaque espèce.

C Biodiversité des écosystèmes

● **Les milieux de vie sont très variés.**

● **Des milieux aquatiques ou terrestres**, en climat tropical, tempéré ou polaire **constituent une multitude de lieux de vie.**

● **Le peuplement est lui aussi très varié et dépend du milieu.**

Exemples : les espèces végétales qui peuplent un marais sont presque toutes différentes de celles qui peuplent une dune de bord de mer.

À retenir

Certains endroits du globe sont appelés « points chauds de biodiversité », car ils présentent une forte biodiversité à préserver.

mes notes

2 Application : analyse d'un document

DOC **Une mesure de la biodiversité**

Le graphique suivant représente la répartition de deux espèces d'oiseaux observées dans les jardins de la région bruxelloise entre 2004 et 2013.

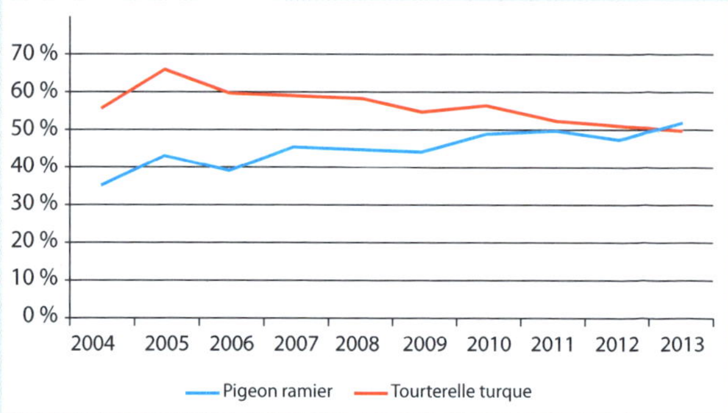

Source : www.buvettedesalpages.be

Cochez la ou les bonnes réponses.

1. En 2004, les pigeons ramiers étaient :
a. ❑ aussi nombreux que les tourterelles turques
b. ☒ moins nombreux
c. ❑ plus nombreux

2. Depuis 2004, il y a :
a. ☒ moins de tourterelles turques
b. ❑ moins de pigeons ramiers
c. ❑ plus de pigeons ramiers et de tourterelles

3. Il y avait autant de pigeons ramiers que de tourterelles turques en :
a. ❑ 2004
b. ❑ 2009
c. ☒ 2013

Mémo'Quiz

1. La biodiversité est :
a) ❑ la diversité des animaux
b) ❑ la diversité des humains
c) ☒ la diversité du monde vivant

2. La biodiversité est mesurée à partir du comptage :
a) ☒ des espèces b) ☒ des individus c) ☒ des populations

→ corrigés p. 127

© Nathan 2017 – Mes Maxi Fiches ABC

Phénotype et génotype des individus

33

X Lue ☐ Relue ☐ Apprise

mes notes

1 Retenir l'essentiel

A Des caractères et des gènes

- **Le phénotype est l'ensemble des caractères observables ou détectables d'un individu.** Tous les individus d'une même espèce partagent les mêmes caractères.

- **Le génotype est l'ensemble des gènes d'un individu.** Tous les individus d'une même espèce possèdent les mêmes gènes.

Vocabulaire

Gène : partie d'un chromosome située à un endroit précis qui intervient dans l'expression d'un caractère.

B Le phénotype dépend du génotype

- **Un gène se présente souvent sous plusieurs versions différentes : les allèles.**

- Chaque gène est présent en deux exemplaires dans le noyau des cellules. Ces deux exemplaires peuvent être représentés par deux allèles identiques ou différents.

Important

Pour un gène donné, lorsque les deux allèles portés par un individu sont différents, soit un seul allèle s'exprime (il domine), soit les deux allèles s'expriment.

- **La combinaison des allèles d'un individu** (= génotype) **explique les caractères qu'il manifeste** (= phénotype).

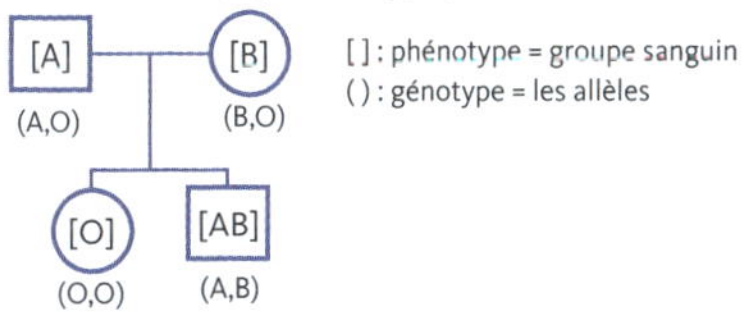

Doc. Transmission des allèles du groupe sanguin dans une famille

C Le phénotype dépend aussi de l'environnement

- **Certains caractères ne dépendent que des gènes qui les contrôlent.**

  Exemple : le groupe sanguin ne dépend que des allèles A, B et O.

- **D'autres caractères sont influencés par l'environnement.**

Remarque

Les modifications de caractères qui ont lieu pendant la vie ne sont pas transmises à la descendance.

mes notes

2 Application : analyse d'un document

DOC Le phénotype dépend du génotype

Le pelage des souris est déterminé par deux gènes. Un gène qui contrôle la couleur du pelage existe sous deux allèles, notés N (pour noir) et A (pour agouti). Un autre gène qui contrôle la présence des tâches existe sous deux allèles, notés T (pour robe tachetée) et T+ (pour robe unie).

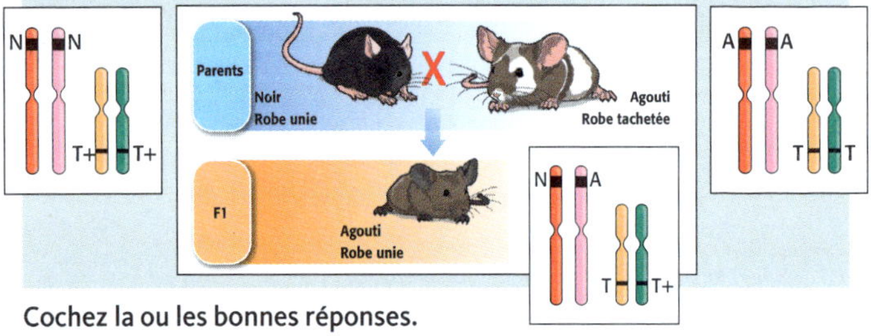

Cochez la ou les bonnes réponses.

1. Les parents ont :
a. ☐ des allèles différents pour chacun de leur gène
b. ☐ un allèle sur deux identique
c. ☒ des allèles identiques pour chacun de leur gène

2. Les descendants de la génération F1 ont :
a. ☐ deux chromosomes portant 4 allèles identiques
b. ☒ deux paires de chromosomes portant 4 allèles différents
c. ☐ deux paires de chromosomes portant 4 allèles identiques

3. D'après les résultats du croisement (F1) :
a. ☒ l'allèle N domine l'allèle A
b. ☐ l'allèle N domine l'allèle T
c. ☐ il n'y a pas d'allèle dominant

Mémo'Quiz

1. Tous les individus d'une même espèce possèdent :
a) ☒ les mêmes caractères
b) ☒ les mêmes gènes
c) ☐ les mêmes allèles

2. Chez un animal, un gène est présent :
a) ☐ en un exemplaire
b) ☒ en deux exemplaires
c) ☐ en un grand nombre d'exemplaires

→ corrigés p. 127

© Nathan 2017 – Mes Maxi Fiches ABC

Mécanismes de l'évolution biologique

34

☒ Lue ☐ Relue ☐ Apprise

mes notes

1 Retenir l'essentiel

A Diversité des individus et hasard

● **Les gènes subissent des changements qui peuvent modifier leur action** : ce sont des **mutations**.

● **Les mutations sont des phénomènes rares qui surviennent au hasard**.

● Les mutations sont responsables de l'existence des **allèles.**

● **La transmission des allèles d'une génération à une autre dépend du hasard de la reproduction sexuée** :
- hasard dans la répartition des chromosomes à la **méiose** ;
- hasard dans la rencontre des **gamètes**.

> **Remarque**
> Un mutant n'est pas un monstre, mais un individu porteur d'un allèle différent pour un gène donné.

B La sélection naturelle

● **Dans une population donnée, les individus présentent des variations individuelles des caractères spécifiques**, car ils ont des allèles différents.

Exemple : dans un groupe de girafes adultes, les individus n'ont pas tous un cou de même longueur, car ils possèdent des allèles différents.

● **Dans un environnement donné, certains allèles donnent un avantage** et d'autres non.

Exemple : dans une population de girafes, posséder un allèle qui permet d'avoir un cou un peu plus long est un avantage si la végétation est rare et disponible en haut des arbres.

● **Les individus avantagés dans une population survivent mieux** que les autres, ils se reproduisent davantage **et transmettent plus leurs allèles** que le reste de la population : **c'est la sélection naturelle.**

> **Piège à éviter**
> Ce ne sont pas les individus qui s'adaptent à leur milieu. Les individus sont déjà bien ou mal adaptés, et c'est leur environnement qui sélectionne les mieux adaptés à un moment donné.

● Si l'environnement change, un allèle avantageux peut devenir neutre ou défavorable.

Exemple : si un jour en Afrique, la végétation n'était plus présente qu'au ras du sol, le long cou des girafes deviendrait désavantageux.

mes notes

2 Application : analyse d'un document

DOC **Des papillons sélectionnés par leur environnement**

Phalènes *carbonaria* (à gauche) et *typica* (à droite, dans le cercle) sur un tronc couvert de lichens

Le phalène du bouleau est un papillon de nuit qui passe ses journées posé sur le tronc des arbres. Pendant ce temps de repos, il est exposé à ses prédateurs naturels : des oiseaux. Il existe deux variants chez les phalènes pour la couleur : un sombre appelé *carbonaria* et un clair appelé *typica*. En Angleterre, au XIXe siècle, le tronc des arbres est devenu sombre à cause de la pollution, et les variants *carbonaria* sont devenus majoritaires.

Cochez la ou les bonnes réponses.

1. Sur un tronc clair (voir photo), le variant avantagé est :
a. ☒ *typica* b. ☐ *carbonaria* c. ☐ aucun des deux

2. Dans un environnement sans pollution avec des troncs d'arbre clairs :
a. ☐ les variants *typica* sont rares
b. ☒ les variants *carbonaria* sont rares
c. ☐ les pourcentages des deux variants sont dus au hasard

3. Dans un environnement pollué avec des troncs sombres, on assisterait à la quasi-disparition :
a. ☐ des variants *carbonaria* b. ☒ des variants *typica*
c. ☐ aucun des deux

Mémo'Quiz

1. Les mutations naturelles sont :
a) ☐ dangereuses b) ☒ dues au hasard c) ☐ fréquentes

2. La sélection naturelle est un mécanisme qui modifie :
a) ☐ les individus b) ☐ les gènes c) ☒ les espèces

→ corrigés p. 128

© Nathan 2017 – Mes Maxi Fiches ABC

Relations de parenté entre les êtres vivants

35

☒ Lue ☐ Relue ☐ Apprise

mes notes

1 Retenir l'essentiel

A Tous différents, tous parents

- **Même si des individus de deux espèces différentes ont des phénotypes très différents, ils partagent quand même des caractères.**

  Exemple : un lion et un dauphin ont des apparences bien différentes, mais ils possèdent un squelette en os, des poumons alvéolés et des mamelles.

- **La présence de caractères partagés entre des espèces différentes révèle leur parenté**. Ce sont des indices d'une histoire commune lors de l'évolution ; ces indices montrent l'existence d'ancêtres communs aux différentes espèces qui peuplent la Terre aujourd'hui.

  Exemple : tous les êtres vivants actuels possèdent des cellules contenant de l'ADN, ce qui conduit à penser que l'ancêtre de tous les êtres vivants possédait déjà de l'ADN.

> **Vocabulaire**
>
> **Ancêtre commun :** organisme dont la descendance contient les êtres vivants étudiés.

B Place de l'Homme dans l'évolution du vivant

- **L'espèce humaine possède des caractères qui permettent de la classer dans le groupe des vertébrés, des mammifères, des primates et** encore plus précisément **des hominidés.**
- Les hominidés constituent un groupe d'espèces de primates qui pratiquent la **bipédie de manière occasionnelle ou permanente** : les gorilles, les chimpanzés et les humains.
- **Les études génétiques** de comparaison de l'ADN de différentes espèces **confirment la parenté de l'Homme avec les autres espèces actuelles.**
- La connaissance des caractères partagés permet de construire des **arbres de parenté** entre les espèces :

> **À retenir**
>
> L'Homme possède plus de 95 % de gènes en commun avec le Chimpanzé.

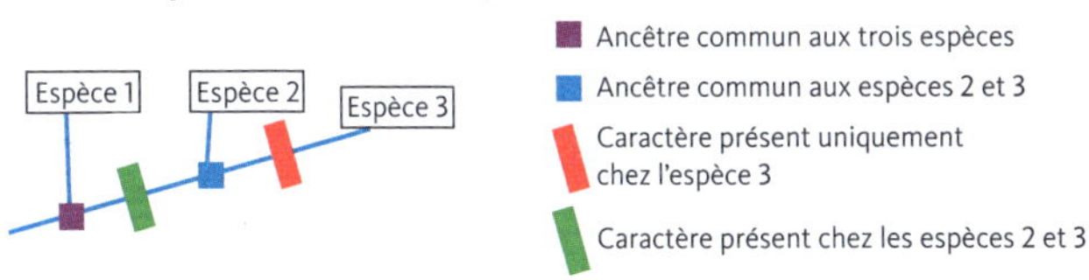

mes notes

2 Application : analyse d'un document

DOC Un arbre de parenté de quelques vertébrés

Le document ci-dessous présente les parentés probables entre sept espèces de vertébrés.

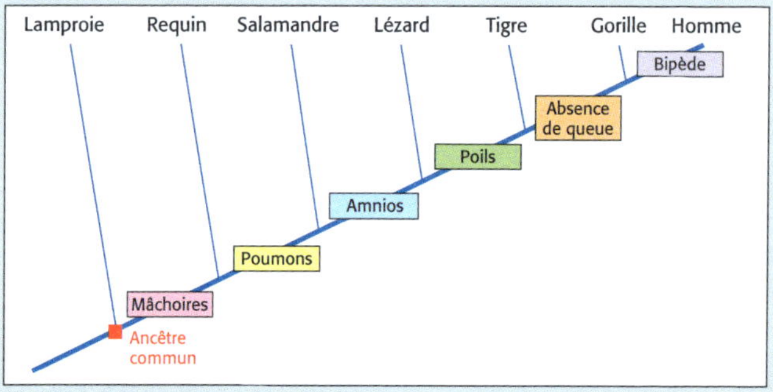

Cochez la ou les bonnes réponses.

1. Le Requin possède :
a. ☐ une queue régressée   b. ☐ des poumons   c. ☒ des mâchoires

2. Les caractères partagés par la Salamandre et le Gorille sont :
a. ☒ les poumons   b. ☐ les poils   c. ☐ la bipédie

3. Le plus proche parent du Tigre est :
a. ☐ le Requin   b. ☒ le Gorille   c. ☐ le Lézard

4. L'amnios est un caractère possédé par :
a. ☐ l'Homme   b. ☐ la Salamandre   c. ☐ le Tigre

Mémo'Quiz

1. Le groupe des hominidés comporte :
a) ☐ les humains uniquement
b) ☐ les grands singes uniquement
c) ☒ les humains et les grands singes

2. Les caractères partagés par tous les êtres vivants sont :
a) ☒ l'ADN
b) ☐ une colonne vertébrale
c) ☒ la membrane cellulaire

➜ corrigés p. 128

© Nathan 2017 – Mes Maxi Fiches ABC

Rôle du système nerveux pendant l'effort physique

36

X Lue ☐ Relue ☐ Apprise

mes notes

1 Retenir l'essentiel

A Perception et traitement des signaux

- **Le cerveau reçoit des informations en provenance des organes sensoriels** (yeux, peau, oreilles) **et de capteurs internes** sensibles à l'étirement des muscles.
- **Des zones cérébrales spécialisées du cerveau traitent l'ensemble des informations reçues** et communiquent entre elles : **c'est l'intégration des informations.**

Exemple : le cortex sensoriel qui reçoit les informations des organes des sens est associé au cortex moteur lors de la réalisation d'un mouvement.

Vocabulaire

Cortex cérébral : partie superficielle du cerveau constituée de plusieurs couches de neurones connectés entre eux.

B Commande des mouvements

- **La connexion par les nerfs entre les centres nerveux** (cerveau et moelle épinière) **et les muscles permet la réalisation des mouvements.**
- **Les nerfs conduisent des messages nerveux de nature électrique** entre les centres nerveux et les muscles. La communication entre les cellules nerveuses et les cellules musculaires fait aussi intervenir des **messagers chimiques.**
- **Les messagers chimiques sont libérés dans des synapses** nerveuses ou neuro-musculaires.

Remarque

Les mouvements des membres inférieurs pendant la marche sont contrôlés par un centre nerveux : la moelle épinière.

C Contrôle nerveux des activités cardiaque et respiratoire

- **À l'effort**, des centres nerveux localisés dans le bulbe rachidien (entre le cerveau et la moelle épinière) commandent l'**augmentation et de la fréquence cardiaque et de la fréquence respiratoire**.
- **Après un effort**, ces centres nerveux assurent un **retour progressif aux valeurs de repos** des fréquences cardiaque et respiratoire : **c'est la récupération.**

Remarque

Tout le monde peut modifier volontairement sa fréquence respiratoire. Ce n'est pas le cas de la fréquence cardiaque, car les nerfs et les muscles impliqués sont différents.

mes notes

2 Application : analyse d'un document

DOC **Un exemple d'intervention du système nerveux**

Le document ci-dessous présente la succession des événements impliqués pour saisir une pomme.

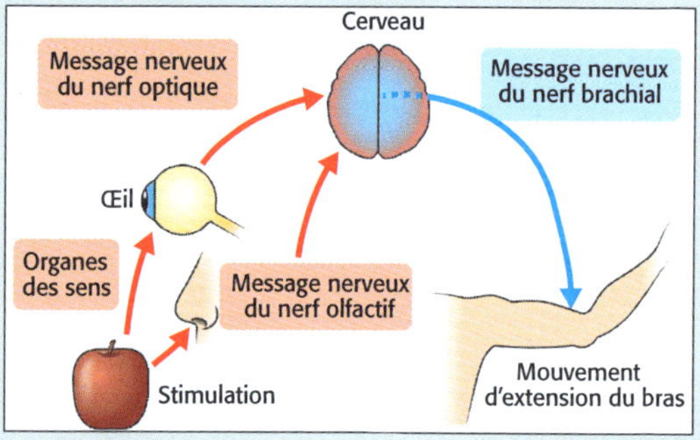

Cochez la ou les bonnes réponses.

1. Le centre nerveux impliqué dans le mouvement du bras est :
a. ☐ l'œil b. ☒ le cerveau c. ☐ les muscles du bras

2. Les messages émis par le nez et par les yeux sont :
a. ☒ sensoriels b. ☐ moteurs c. ☐ optico-olfactifs

3. Le nerf brachial sert à transmettre des messages :
a. ☐ de l'œil au cerveau b. ☒ du cerveau au muscle
c. ☐ du muscle au cerveau

Mémo'Quiz

1. Pendant une activité physique, le cerveau reçoit des signaux :
a) ☒ des yeux b) ☒ des muscles c) ☐ du cœur

2. Les nerfs sont responsables de :
a) ☐ la réception des messages nerveux
b) ☐ l'intégration des messages nerveux
c) ☒ la transmission des messages nerveux

3. Le retour au repos des fréquences cardiaque et respiratoire s'appelle :
a) ☐ l'intégration b) ☒ la récupération c) ☐ la transmission

→ corrigés p. 128

© Nathan 2017 – Mes Maxi Fiches ABC

Activité cérébrale et hygiène de vie

37

Lue Relue Apprise

mes notes

1 Retenir l'essentiel

A Conditions d'un bon fonctionnement cérébral

- **Les cellules nerveuses nécessitent un approvisionnement constant en nutriments et en dioxygène** assuré par la circulation sanguine. Ainsi, une **alimentation équilibrée** et une **activité physique régulière** améliorent le fonctionnement cérébral.

- **Le cerveau nécessite des phases de repos** pendant lesquelles il réorganise les informations traitées pendant la journée. Ainsi, une nuit de **sommeil** améliore les **performances de la mémoire.**

Vocabulaire

Psychotrope : substance chimique naturelle ou de synthèse qui modifie l'activité cérébrale.

B Comportements perturbateurs de l'activité cérébrale

- **Les cellules nerveuses communiquent par l'intermédiaire de signaux électriques et chimiques.** Leur fonctionnement est donc particulièrement sensible à l'effet de substances chimiques psychotropes.

- L'alcool, le tabac, le cannabis et de nombreux médicaments modifient le fonctionnement des zones cérébrales.

À retenir

La consommation d'alcool modifie l'activité des zones sensorielles, du plaisir, du jugement et de la motricité, et entraîne une augmentation des risques d'accident.

C Dopage, activité cérébrale et sport

- **Les sportifs sont parfois tentés d'utiliser des produits dopants** qui modifient leur activité cérébrale pour supporter les tensions physiques et nerveuses.

  Exemple : des stimulants comme les amphétamines sont utilisés par certains sportifs, car ils améliorent la concentration, la confiance en soi et diminuent la sensation de fatigue.

- **Les dopants de l'activité cérébrale sont tous interdits dans la pratique du sport en compétition**, car ils ont des effets néfastes sur la santé avec des risques cardiaques, respiratoires et/ou psychiques.

- **Les stimulants** permettant de dépasser le seuil de la fatigue **peuvent entraîner des états de faiblesse pouvant aller jusqu'à l'épuisement**, voire la mort.

mes notes

2 Application : analyse d'un document

DOC Un fonctionnement cérébral altéré

Des tests de conduite de voiture sur un circuit ont été réalisés sur deux groupes de personnes. Le premier groupe recevait du cannabis et le second groupe recevait un placebo, c'est-à-dire une substance sans effet.

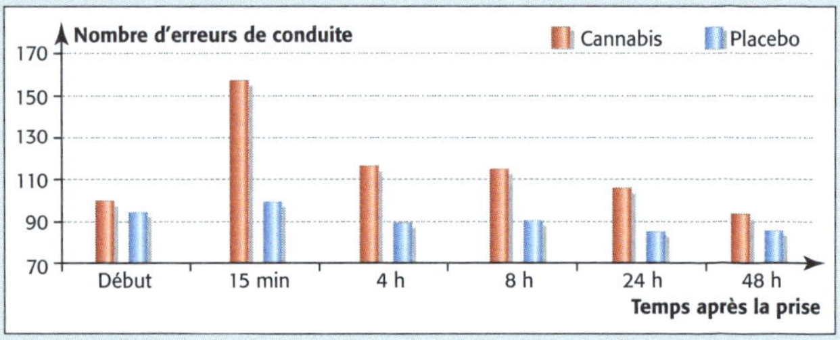

Cochez la ou les bonnes réponses.

1. Par comparaison aux personnes sous placebo, les personnes sous cannabis font :

a. ❑ plus d'erreurs de conduite
b. ❑ autant d'erreurs
c. ❑ moins d'erreurs

2. L'influence maximale du cannabis sur les erreurs de conduite a lieu :

a. ❑ dès le début du test
b. ❑ au bout de 4 heures
c. ❑ au bout de 15 minutes

Mémo'Quiz

1. Une condition d'un bon fonctionnement cérébral est :

a) ❑ une alimentation sucrée
b) ❑ un sommeil réparateur
c) ❑ la consommation régulière d'alcool

2. Une substance psychotrope :

a) ❑ n'a pas d'effet néfaste
b) ❑ peut être un médicament
c) ❑ modifie l'activité cérébrale

3. Le dopage cérébral chez les sportifs :

a) ❑ améliore leur confiance en eux
b) ❑ est néfaste pour la santé
c) ❑ est autorisé

→ corrigés p. 128

© Nathan 2017 – Mes Maxi Fiches ABC

Nutrition et activité physique

38

Lue Relue Apprise

mes notes

1 Retenir l'essentiel

A Digestion des aliments

● **Les molécules organiques contenues dans les aliments sont découpées** par l'action des sécrétions digestives des glandes salivaires, de l'estomac, du pancréas et de l'intestin. **La digestion est facilitée par la mastication des aliments.**

Vocabulaire

Digestion : ensemble des transformations chimiques des aliments en nutriments absorbables par l'intestin.

● **Le grignotage à longueur de journée perturbe le fonctionnement de l'appareil digestif** en provoquant la libération trop fréquente de sécrétions digestives.

B Absorption intestinale et assimilation

● **Les nutriments issus de la digestion et l'eau de boisson** traversent la paroi de l'intestin grêle et **passent dans la circulation sanguine : c'est l'absorption intestinale.**

● **L'absorption intestinale nécessite un afflux de sang** dans les vaisseaux sanguins qui irriguent l'intestin. Cet afflux sanguin ne peut pas se faire pendant une activité sportive.

● **Toutes les cellules de l'organisme** et les cellules musculaires en particulier **assimilent les nutriments du sang et les utilisent pour les convertir en énergie** (à partir des glucides et des lipides) **ou comme éléments de structure** (à partir des protides).

À savoir

Une cellule a les mêmes besoins que l'organisme tout entier : être approvisionnée en dioxygène et en nutriments, et être débarrassée de ses déchets.

C Manger, bouger

● **Les apports alimentaires quotidiens couvrent les besoins en matière et en énergie de l'organisme**. Si les apports sont supérieurs aux besoins, l'organisme stocke les nutriments dans ses réserves de graisses.

● **Une pratique sportive régulière améliore l'équilibre entre les apports et les besoins.**

● **L'hydratation régulière** de l'organisme, surtout pendant une activité sportive, **améliore le fonctionnement de l'organisme et la récupération.**

Remarque

Un homme adulte de 70 kg contient environ 45 litres d'eau et il en perd 2,5 litres par jour sans pratiquer d'activité physique.

mes notes

2 Application : analyse d'un document

DOC **Des résultats de dosages sanguins**

Éléments mesurés dans 100 mL de sang	Sang entrant dans le muscle	Sang sortant du muscle
Dioxygène (O_2)	20 mL	15 mL
Dioxyde de carbone (CO_2)	48 mL	52 mL
Glucose (nutriments)	90 mg	87 mg

Mesures réalisées sur un organisme au repos

Éléments mesurés dans 100 mL de sang	Sang entrant dans le muscle	Sang sortant du muscle
Dioxygène (O_2)	20 mL	2 mL
Dioxyde de carbone (CO_2)	48 mL	70 mL
Glucose (nutriments)	90 mg	31 mg

Mesures réalisées sur un organisme en activité forte

Cochez la ou les bonnes réponses.

1. Au repos, la quantité de O_2 dans le sang entrant dans le muscle est :
a. ❑ plus élevée que celle contenue dans le sang sortant
b. ❑ égale c. ❑ plus faible

2. Pendant une activité forte, la quantité de CO_2 dans le sang sortant est :
a. ❑ plus faible que celle contenue dans le sang entrant
b. ❑ égale c. ❑ plus forte

Mémo'Quiz

1. La digestion est un processus qui correspond :
a) ❑ au passage des nutriments dans le sang
b) ❑ à la transformation des aliments en nutriments
c) ❑ à la transformation des nutriments par les cellules de l'organisme

2. Il faut éviter de manger juste avant un exercice physique car :
a) ❑ la digestion sera difficile
b) ❑ il y a déjà assez de sucre dans le sang
c) ❑ le sang afflue vers les muscles pendant l'effort

→ corrigés p. 128

© Nathan 2017 – Mes Maxi Fiches ABC

Vivre avec les microbes

39

Lue Relue Apprise

mes notes

1 Retenir l'essentiel

A Diversité des microbes

- **Les microbes sont présents partout** dans notre environnement : dans l'air, dans le sol, dans nos aliments, sur notre peau, dans notre tube digestif... Il existe environ 100 000 espèces de microbes.
- **La plupart des microbes sont inoffensifs**, certains sont bénéfiques et d'autres encore sont pathogènes.

Vocabulaire

- **Pathogène** : qui provoque une maladie.
- **Immunité** : ensemble des mécanismes qui protègent l'organisme des infections.

B Défenses de l'organisme contre les microbes

Les globules blancs (ou leucocytes) reconnaissent et éliminent les microbes de notre organisme. Ce sont les acteurs de notre système immunitaire :

- **les lymphocytes B** produisent des anticorps qui adhèrent aux microbes et les neutralisent en les empêchant de se reproduire ;
- **les macrophages ou phagocytes** ingèrent les microbes reconnus par les anticorps lors de la phagocytose et les détruisent ;
- **les lymphocytes T s'accrochent aux cellules infectées de l'organisme et les détruisent.**

À retenir

Les globules blancs sont beaucoup moins nombreux dans le sang que les globules rouges (environ mille fois moins nombreux).

C Intérêts de la vaccination

- **Lors de la vaccination, les défenses immunitaires apprennent à reconnaître des microbes pathogènes**. Ainsi, en cas d'infection réelle, l'organisme réagit plus vite et plus efficacement. **Se vacciner, c'est se protéger soi-même**.
- Un individu non vacciné peut être infecté par des microbes pathogènes sans déclarer la maladie et transmettre ses microbes. **Se vacciner, c'est aussi protéger les autres.**

Exemple : le tétanos, qui a presque disparu en France grâce à la vaccination, tue chaque année plus de 200 000 personnes dans le monde.

À savoir

En France, seules trois vaccinations sont obligatoires et souvent regroupées dans le même vaccin : antidiphtérique, antitétanique et antipoliomyélique (DT-polio).

mes notes

2 Application : analyse d'un document

DOC **Des tentatives d'immunisation**

Le document suivant montre des essais d'immunisation de cobayes contre la diphtérie et leurs résultats.

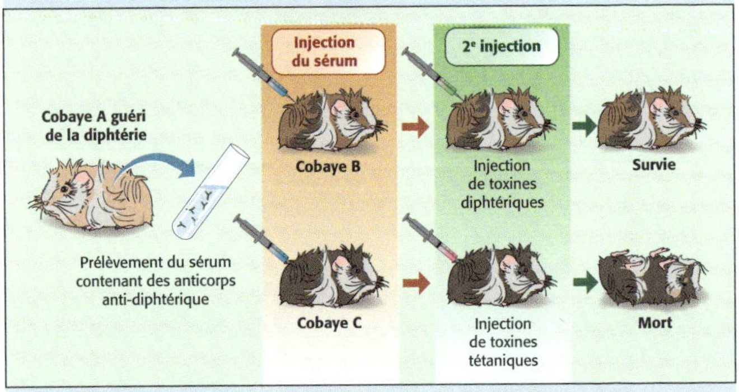

Cochez la ou les bonnes réponses.

1. Le cobaye B :

a. ❑ a reçu des anticorps antidiphtériques
b. ❑ a reçu des toxines tétaniques
c. ❑ est immunisé contre la diphtérie

2. Le cobaye C est mort, car :

a. ❑ il n'a pas reçu d'injection de sérum du cobaye A
b. ❑ il a reçu une injection de toxines tétaniques
c. ❑ il a reçu une injection de toxines diphtériques

3. Le cobaye B a survécu, car il a subi une :

a. ❑ immunisation b. ❑ vaccination c. ❑ stérilisation

Mémo'Quiz

1. Les globules blancs sont aussi appelés :
a) ❑ macrophages b) ❑ lymphocytes c) ❑ leucocytes

2. Les anticorps neutralisent les microbes en :
a) ❑ y adhérant b) ❑ empêchant leur reproduction
c) ❑ les détruisant

➜ corrigés p. 128

© Nathan 2017 – Mes Maxi Fiches ABC

Fonctionnement des appareils reproducteurs

40

Lue Relue Apprise

mes notes

1 Retenir l'essentiel

A Changements hormonaux à la puberté

- **Lorsque la croissance est suffisante, des glandes du cerveau produisent des hormones qui stimulent le fonctionnement des ovaires et des testicules.**
- **Les testicules et les ovaires produisent alors des hormones sexuelles** : testostérone pour les testicules, progestérone et œstradiol pour les ovaires.
- **Les hormones sexuelles sont responsables de tous les changements physiques et psychiques de la puberté.**

Exemples : apparition des poils, développement des seins, du pénis...

Vocabulaire

Hormone : molécule produite par des cellules spécialisées, libérée dans le sang en concentration très faible et qui agit sur des organes cibles.

B Production des cellules sexuelles

- **Les ovaires et les testicules produisent des cellules sexuelles appelées aussi gamètes,** dès la puberté.
- **Les spermatozoïdes sont produits en continu** jusqu'à la mort.
- **Les ovules sont déjà présents dans les ovaires, mais ne sont libérés qu'une fois par cycle**, c'est-à-dire en moyenne un ovule par mois jusqu'à la ménopause (vers 50 ans).

À retenir

Plusieurs ovules sont préparés simultanément avant l'ovulation. Parfois, plusieurs sont émis en même temps et aboutissent à des fécondations multiples (faux jumeaux).

C Contrôle hormonal des appareils reproducteurs

- **Chez l'homme**, la production continue de testostérone de la puberté jusqu'à la mort engendre le **fonctionnement continu** de l'appareil jusqu'à la mort de l'individu.
- **Chez la femme**, la production des hormones sexuelles varie au cours d'un **cycle de 28 jours** en moyenne, marqué par **une ovulation par mois** et par la **destruction de la muqueuse utérine en fin de cycle (les règles).**

Remarque

L'ovulation a lieu 14 jours avant les prochaines règles, mais la durée de la période avant l'ovulation est variable.

mes notes

2 Application : analyse d'un document

DOC **Mode d'action de la pilule contraceptive**

Le document suivant donne les résultats de dosage des hormones sexuelles dans le sang d'une femme avant la prise de pilule (cycle 1) et pendant la prise de pilule (cycles 2 et 3).

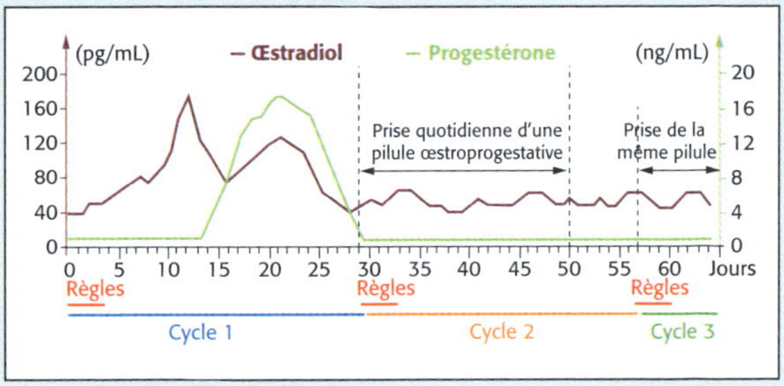

Cochez la ou les bonnes réponses.

1. Au cours d'un cycle sans pilule, la concentration sanguine en œstradiol :
a. ❑ reste stable autour de 40 pg/mL
b. ❑ augmente en fin de cycle jusqu'à 16 ng/mL
c. ❑ connaît un pic vers le 14e jour du cycle à 160 ng/mL

2. Pendant la prise de pilule, la concentration sanguine en œstradiol :
a. ❑ est identique à celle observée sans pilule
b. ❑ devient nulle c. ❑ reste stable autour de 40 pg/mL

3. La prise de pilule contraceptive :
a. ❑ permet le maintien des variations cycliques des hormones sexuelles
b. ❑ empêche les variations cycliques des hormones sexuelles
c. ❑ n'a pas d'effet sur les variations cycliques des hormones sexuelles

Mémo'Quiz

1. Les ovaires libèrent des cellules sexuelles :
a) ❑ dès la puberté b) ❑ en continu c) ❑ pendant les règles

2. Les règles correspondent à l'élimination :
a) ❑ de la muqueuse utérine b) ❑ des ovules non fécondés
c) ❑ des embryons non implantés

➜ corrigés p. 128

© Nathan 2017 – Mes Maxi Fiches ABC

Sexualité et responsabilité individuelle

41

Lue Relue Apprise

mes notes

1 Retenir l'essentiel

A Déroulement de la grossesse

● Pendant le développement de l'embryon puis du fœtus, **la mère et le futur bébé sont liés par voie sanguine par l'intermédiaire du placenta et du cordon ombilical**. Cela permet l'approvisionnement du fœtus en nutriments et en dioxygène notamment.

● Même si le sang de la mère et celui du futur bébé ne se mélangent pas pendant la grossesse, **le placenta laisse passer de nombreux éléments** présents dans le sang de la mère : médicaments, drogues, virus...

Vocabulaire

Embryon : étape du développement du stade deux cellules jusqu'à la fin de la formation des organes (en deux mois environ).

B Contraception

● **La contraception recouvre tous les moyens qui visent à empêcher la fécondation et/ou l'implantation de l'embryon dans la muqueuse utérine.**

● Les méthodes de contraception les plus courantes sont :
- **des dispositifs chimiques** à base d'hormones de synthèse qui empêchent l'ovulation et l'implantation d'un embryon ;
- **des dispositifs mécaniques** qui empêchent les spermatozoïdes d'atteindre l'ovule ;
- des dispositifs mécaniques et chimiques associés.

● **Les différents moyens de contraception permettent à un couple de choisir d'avoir ou de ne pas avoir d'enfant.**

Remarque

Le dispositif intra-utérin (DIU) est injustement appelé stérilet. Il ne rend pas stérile.

C Infections sexuellement transmissibles

● Parmi l'ensemble des moyens de contraception, **seul le préservatif protège des infections sexuellement transmissibles** (IST).

● Même si leurs symptômes sont discrets, certaines IST ont des conséquences graves sur la santé. En outre, un porteur d'IST peut la transmettre sans le savoir. C'est pourquoi **il est recommandé de procéder à un dépistage d'IST en cas de rapport sexuel non protégé.**

À savoir

Le dépistage est anonyme et gratuit. Un médecin peut délivrer une ordonnance et indiquer les centres de dépistage.

mes notes

2 Application : analyse d'un document

DOC Les échanges entre la mère et son fœtus

Le placenta représente une grande surface d'échanges entre la mère et le fœtus. On estime que cette surface est de 10 à 15 m². Le placenta arrête les éléments les plus volumineux, comme les cellules sanguines et les bactéries, mais laisse passer les virus et les molécules.

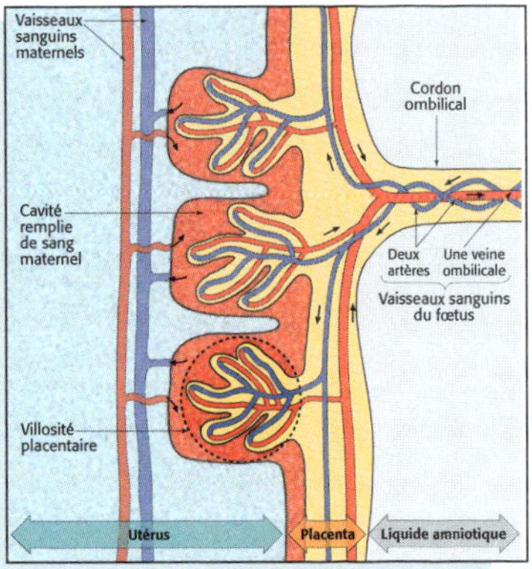

Connexions entre le placenta et l'utérus maternel

Cochez la ou les bonnes réponses.

1. Le sang du fœtus :
a. ❑ arrive au placenta par une artère et repart par une veine
b. ❑ arrive au placenta par une veine et repart par deux artères
c. ❑ arrive au placenta par deux artères et repart par une veine

2. Le placenta ne laisse pas passer :
a. ❑ les cellules sanguines b. ❑ les nutriments qui sont des molécules
c. ❑ les virus

3. Le sang de la mère et le sang du fœtus :
a. ❑ sont mélangés dans le placenta
b. ❑ sont mélangés dans le cordon ombilical
c. ❑ ne sont pas mélangés

Mémo'Quiz

1. L'abréviation « IST » signifie :
a) ❑ insémination sexuellement transgénique
b) ❑ infection sexuellement transmissible
c) ❑ immunisation sexuellement totale

2. Les moyens de contraception efficaces contre les IST sont :
a) ❑ les pilules b) ❑ les préservatifs
c) ❑ les dispositifs intra-utérin

→ corrigés p. 128

© Nathan 2017 – Mes Maxi Fiches ABC

De la naissance du besoin à la rédaction du cahier des charges

42

Lue Relue Apprise

mes notes

1 Retenir l'essentiel

A Définir le besoin

- **Les objets techniques et les services sont créés pour répondre à un besoin.** Lorsqu'une entreprise ou une personne souhaite créer un nouveau produit, elle doit définir précisément les attentes des futurs utilisateurs.
- **L'entreprise doit se poser plusieurs questions** : À quoi ou à qui le produit va-t-il servir ? Que va-t-il modifier ou apporter à son utilisateur ? Dans quel but sera-t-il utilisé ? L'ensemble des réponses à ces questions permet de définir le besoin.

Astuce

Le diagramme d'expression du besoin, ou « bête à cornes », permet de définir rapidement le besoin.

B Distinguer les biens matériels et les services

La réponse au besoin formulé peut être un bien matériel ou immatériel :
- un **bien matériel** est un objet que l'on peut toucher, voir (une lampe de bureau par exemple) ;
- un **bien immatériel** est un service (un abonnement de transport en commun est un service fourni par une société de transports).

C Rédiger le cahier des charges

- **La rédaction du cahier des charges peut être réalisée lorsque le besoin est défini.** Le cahier des charges est un document qui regroupe de façon détaillée l'ensemble des fonctions que l'objet devra satisfaire et les contraintes qu'il devra respecter.
- **Le cahier des charges prend souvent la forme d'un tableau** avec quatre colonnes :
  - les repères associés à chaque fonction (FP : fonction principale ; FC : fonction contrainte) ;
  - la fonction définie sous forme de phrase ;
  - les critères associés à chacune des fonctions ;
  - les niveaux permettant de préciser les critères.

Vocabulaire

Une **contrainte** est une caractéristique imposée à un objet technique.

Exemple : voici un extrait du cahier des charges pour un stylo.

Rep	Fonction	Critère	Niveau
Fp	Laisser une trace sur du papier	Largeur de la trace	1,5 mm min.

mes notes

2 Application : analyse d'un document

DOC Le clavier laser

Le clavier laser est une innovation récente que l'on pourrait bientôt retrouver sur nos bureaux. C'est un boîtier équipé d'une batterie que l'on connecte sans fil à un ordinateur, une tablette ou un *smartphone*. Un laser projette un clavier sur la surface du bureau afin de pouvoir saisir du texte.

Cochez la ou les bonnes réponses.

1. Le clavier laser répond au besoin :
a. ❑ d'éclairer le bureau
b. ❑ de se divertir
c. ❑ de saisir du texte

2. Le clavier laser est :
a. ❑ un bien
b. ❑ un service
c. ❑ un bien et un service

3. Le clavier laser se connecte au smartphone ou à la tablette :
a. ❑ sans fil
b. ❑ par Internet
c. ❑ avec un câble USB

Mémo'Quiz

1. Les objets techniques et services sont créés pour répondre à :
a) ❑ une question b) ❑ un besoin c) ❑ un utilisateur

2. Le garagiste fournit :
a) ❑ un bien b) ❑ une action c) ❑ un service

3. Quand le besoin est défini, il faut rédiger :
a) ❑ un cahier des charges b) ❑ un schéma
c) ❑ une fonction

→ corrigés p. 128

© Nathan 2017 – Mes Maxi Fiches ABC

Organiser un projet

43

Lue Relue Apprise

mes notes

1 Retenir l'essentiel

A Étapes d'un projet

- **Un projet peut être de nature très variée** : construction d'un bâtiment, développement d'une application logicielle, élaboration d'un service...
- **Un projet comporte plusieurs étapes.** Les étapes guident la création et optimisent le temps passé sur le projet.

ÉTAPES	Définition du besoin et rédaction du cahier des charges	Répartition des tâches, planification	Recherche des solutions techniques	Choix et validation des solutions techniques (tests)	Réalisation du prototype et finalisation du projet
	Temps →				
PRODUCTIONS	Document écrit sous forme de texte et de tableau à conserver dans la revue de projet	Document de répartition et planning prévisionnel	Recherche documentaire sur les solutions existantes, modélisation numérique	Tableau de validation avec avantages et inconvénients des solutions en fonction des résultats des tests	Fabrication et évaluation du prototype avant lancement de la production

Doc. De la définition du besoin à la finalisation du projet

- **Chaque étape est généralement associée à une production** (document, maquette, prototype, fichier).

À savoir

Les étapes peuvent être différentes suivant le projet à mener.

B Planning prévisionnel

- **Le planning prévisionnel permet d'organiser le projet** et d'identifier les tâches pouvant être réalisées simultanément afin de les répartir de façon optimale sur toute la durée du projet.
- **Le planning permet de suivre l'avancement d'un projet** et d'anticiper d'éventuels retards.
- **Pour être efficace, le planning prévisionnel doit être régulièrement mis à jour** durant le projet.

Remarque

Un planning bien pensé permet de mieux utiliser les ressources humaines et matérielles.

mes notes

2 Application : analyse d'un document

DOC Planning prévisionnel

Voici un extrait du planning prévisionnel de la construction d'une maison. Chaque couleur correspond à un ouvrier différent.

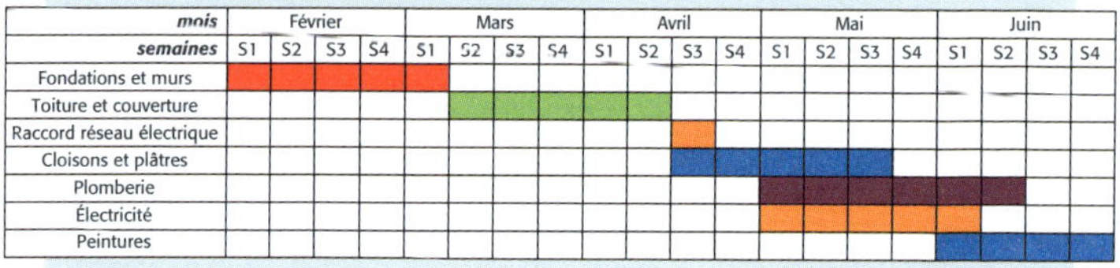

Cochez la ou les bonnes réponses.

1. Les travaux de toiture et de couverture durent :

a. ❑ 3 semaines b. ❑ 5 jours
c. ❑ 5 semaines

2. Ce chantier est réalisé par :

a. ❑ 7 ouvriers b. ❑ 5 ouvriers
c. ❑ 2 ouvriers

3. La durée totale du chantier est de :

a. ❑ 5 jours b. ❑ 5 semaines
c. ❑ 5 mois

Mémo'Quiz

1. Les étapes d'un projet permettent :

a) ❑ de guider son déroulement b) ❑ d'éviter les retards
c) ❑ de freiner le projet

2. La dernière étape du projet est :

a) ❑ la répartition des tâches b) ❑ la validation du prototype
c) ❑ la rédaction du cahier des charges

3. Un planning prévisionnel permet :

a) ❑ d'organiser le projet b) ❑ d'identifier le besoin
c) ❑ d'établir une facture

➜ corrigés p. 128

© Nathan 2017 – Mes Maxi Fiches ABC

De la conception à la réalisation d'un projet

44

☐ Lue ☐ Relue ☐ Apprise

mes notes

1 Retenir l'essentiel

A Rechercher une solution pour répondre à un besoin

Le processus de création d'un objet technique consiste à rechercher des solutions répondant à chaque fonction technique. Il faut pour cela :

- **effectuer une veille technologique** : lister et comparer sur Internet les solutions déjà existantes et commercialisées, utiliser un logiciel de base de connaissances, rassembler des articles sur le sujet (catalogues, contenus Web, revues spécialisées) ;
- **proposer des innovations** pour améliorer le fonctionnement de l'objet, proposer un design plus adapté et actuel, simplifier les procédés de fabrication, réduire l'impact environnemental de l'objet (matières premières utilisées, énergies consommées, recyclage) ou baisser le coût de réalisation ;
- **réaliser des croquis et des schémas** pour présenter de façon détaillée les solutions imaginées.

> **Vocabulaire**
> **Innover :** chercher à améliorer la réponse à un besoin de façon radicale, tout à fait nouvelle.

B Concevoir et modéliser avec un logiciel de CAO

- Pour valider les solutions, le **dessin en 3D sur un logiciel de CAO** (conception assistée par ordinateur) permet de représenter et de réaliser des simulations sur un modèle numérique du futur objet.
- **Le design de l'objet est proposé.** Plusieurs versions de l'objet peuvent être imaginées, le choix se fera par exemple à la suite d'une enquête d'opinion.
- **De nombreux paramètres comme la solidité et le fonctionnement de l'objet peuvent être simulés.** Le concepteur peut par exemple identifier les points faibles de l'objet (les endroits où il pourrait casser) et imaginer des solutions pour les consolider.

C Réaliser un prototype

- **Un prototype est fabriqué** une fois le fichier 3D terminé et validé, il ressemble beaucoup au produit final.
- **Ce prototype subira un ensemble de tests** afin de vérifier qu'il répond entièrement au cahier des charges et d'éviter les défauts qui pourraient nuire à son utilisation.
- **Si le prototype est validé**, ou une fois que les modifications nécessaires ont été apportées, **le projet peut passer à la phase de réalisation**, c'est-à-dire production de l'objet définitif et commercialisation.

mes notes

2 Application : analyse d'un document

DOC **Le dispositif RWU**

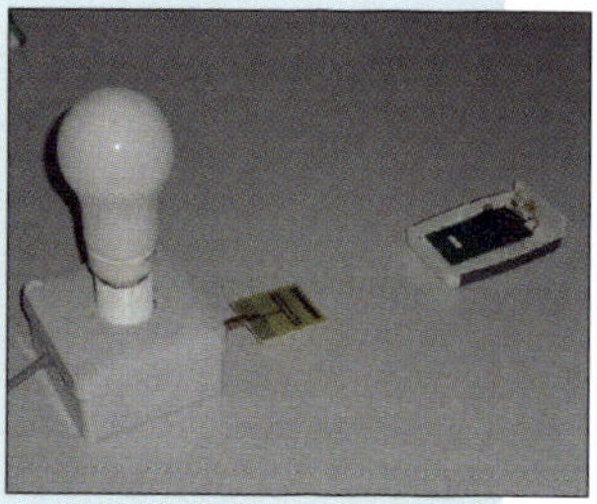

Dans la maison, les appareils en veille représentent en moyenne 11 % de la consommation d'électricité. Le dispositif RWU (*Remote Wake Up*) est composé d'un émetteur sous forme de télécommande et d'un récepteur relié à une prise électrique. Cette technologie innovante permet de réveiller à distance un équipement complètement éteint à l'aide d'une impulsion électromagnétique.

Ainsi, au lieu d'être maintenu en veille et de consommer de l'électricité, l'appareil électrique est à l'arrêt jusqu'à ce qu'il reçoive un ordre de réveil par l'utilisateur. Le mode veille n'étant pas utilisé, la consommation d'électricité est divisée par mille pour une même opération d'allumage ou d'extinction de l'appareil.

Cochez la ou les bonnes réponses.

1. Ce dispositif répond au besoin de :
a. ❑ contrôler la luminosité des éclairages d'un appartement
b. ❑ diminuer la consommation de veille des appareils
c. ❑ diffuser de la musique dans un logement

2. Les apports de cette innovation permettent :
a. ❑ de réduire la consommation électrique des appareils
b. ❑ d'augmenter la consommation électrique des appareils
c. ❑ d'utiliser davantage d'énergie renouvelable dans la maison

Mémo'Quiz

1. Innover peut permettre :
a) ❑ de réduire l'impact environnemental d'un produit
b) ❑ de s'organiser pour la fabrication
c) ❑ d'augmenter la consommation électrique d'un produit

2. Un prototype est :
a) ❑ une version définitive de l'objet
b) ❑ un objet qui fonctionne parfaitement
c) ❑ une version de l'objet qui va subir des tests

→ corrigés p. 128

© Nathan 2017 – Mes Maxi Fiches ABC

Histoire des solutions techniques

45

☐ Lue ☐ Relue ☐ Apprise

mes notes

1 Retenir l'essentiel

A Des objets et services qui évoluent

Les connaissances scientifiques et technologiques progressent tous les jours. **L'évolution des techniques permet de faire évoluer les objets dans de nombreux domaines** :

- **matériaux** : les objets tendent à devenir plus légers, plus résistants, ils sont fabriqués à partir de matériaux moins coûteux et moins polluants ;
- **énergie** : les objets consomment moins d'énergie ou bien consomment une énergie plus propre et gagnent en autonomie ;
- **ergonomie** : les objets sont plus simples à utiliser, plus intuitifs, plus rapides ;
- **esthétique** : le design des objets (forme, couleur) évolue pour s'adapter aux usages, à la mode.

B Familles d'objets techniques

- **Les objets qui répondent au même besoin (usage) sont regroupés en familles**, ce qui facilite leur classement.

  Exemples : la famille des véhicules aériens regroupe les objets qui servent à se déplacer dans les airs. La famille des éclairages regroupe les objets qui servent à produire une lumière artificielle.

Astuce

Pour identifier la famille d'un objet, posez-vous la question : « À quel besoin répond cet objet ? »

C Lignées d'objets techniques

- **Une lignée regroupe les objets d'une même famille qui utilisent le même principe technique** pour répondre au besoin.

  Exemples : les avions à hélice, les hélicoptères et les montgolfières sont trois lignées de la famille des véhicules aériens. Les objets utilisant les combustions dans l'air (bougie, lampe à huile), les objets utilisant des gaz (néon, xénon) et les LED sont trois lignées de la famille des éclairages.

Astuce

Pour identifier le principe technique, posez-vous la question : « Comment ce système fonctionne-t-il ? »

- **L'invention d'un nouveau principe technique** pour répondre à un besoin existant **donne lieu à une nouvelle lignée dans une famille.**

  Exemple : la lignée des écrans à LED s'est récemment ajoutée à la déjà très grande famille des écrans.

mes notes

2 Application : analyse d'un document

DOC **Évolution de trois familles d'objets**

Colonne 1	Colonne 2	Colonne 3
Corde à nœuds	Chignole	Bâton + caillou (levier)
Mètre ruban	Perceuse électrique	Grue à cage d'écureuil
Mètre laser	Perceuse portative	Grue à tour

Cochez la ou les bonnes réponses.

1. Les colonnes de ce tableau représentent :
a. ❑ les énergies utilisées b. ❑ les familles d'objets
c. ❑ les lignées d'objets

2. Les outils de la colonne 2 répondent au besoin de :
a. ❑ percer des trous b. ❑ découper du bois
c. ❑ soulever des objets lourds

3. L'évolution majeure entre la grue à cage d'écureuil et la grue à tour (grue moderne) est :
a. ❑ l'énergie utilisée b. ❑ le design
c. ❑ l'ergonomie

Mémo'Quiz

1. Des objets sont de la même famille s'ils :
a) ❑ répondent au même besoin
b) ❑ ont une fonction d'usage différente
c) ❑ n'ont pas le même matériau

2. Des objets appartiennent à la même lignée s'ils :
a) ❑ répondent au même besoin
b) ❑ ont une forme identique
c) ❑ utilisent le même principe technique pour répondre au besoin

3. L'évolution des techniques permet de faire évoluer les objets dans les domaines :
a) ❑ des matériaux b) ❑ du design c) ❑ des énergies

➜ corrigés p. 128

© Nathan 2017 – Mes Maxi Fiches ABC

Étude de l'évolution d'un objet technique

46

Lue Relue Apprise

mes notes

1 Retenir l'essentiel

A Rupture technologique

- **La rupture technologique est une nouvelle technologie qui apporte une solution très différente et plus performante** à un problème technique déjà existant.
- **Cette rupture provient généralement de la recherche, de l'innovation ou de l'invention.** On parle de rupture, car elle entraîne souvent de grands changements pour nos objets, voire notre quotidien.

Exemple : l'écran plat (LCD) est une rupture technologique qui succède au très volumineux écran cathodique. Cette rupture provient en partie de l'invention de l'écran couleur à cristaux liquides par les ingénieurs de la société Thomson en 1984.

Vocabulaire

Impact sociétal : modification engendrée par une innovation ou une invention sur le mode de vie, les pratiques d'un grand nombre d'utilisateurs.

B Deux exemples de ruptures technologiques qui ont changé le monde

- **La roue est un exemple d'invention révolutionnaire.** Les scientifiques s'accordent à dire que la roue est apparue vers 3 000 ans av. J.-C. en Mésopotamie. Les premières roues étaient fabriquées en pierre, en bois ou en terre cuite. Elles ont permis un développement important des constructions et du commerce, grâce notamment à des déplacements plus rapides.
- **Au XVIIIe siècle, l'invention de la machine à vapeur par James Watt a également entraîné des avancées gigantesques** pour l'époque :
  - dans le transport : train, bateau, voiture ;
  - dans l'industrie : pompage de l'eau dans les mines, grue à vapeur ;
  - dans l'agriculture : batteuse pour les céréales, tracteur.
- **Ces exemples ne sont qu'une infime partie des changements apportés par la technologie dans nos sociétés.** On peut aussi citer l'électricité qui a illuminé nos villes, ou les réseaux informatiques (Internet) qui ont totalement modifié notre façon de communiquer.

Idée à retenir

Dans de nombreux domaines (agriculture, industrie, transports, commerce...), l'évolution des objets a contribué à modifier notre société et nos modes de vie.

mes notes

2 Application : analyse d'un document

DOC Des innovations qui ont produit de grands changements

Innovations	Nouvel objet induit	Changements induits
1) Standard de compression MP3	a) Lecteur MP3	A) Modularité et flexibilité dans le transport maritime, automatisation des ports
2) Structures métalliques résistantes au feu ; ascenseurs	b) Gratte-ciel	B) Impact visuel sur les villes, modification de nos modes d'habitation
3) Normalisation des dimensions des containers	c) Porte-containers	C) Numérisation de la musique, capacité de stockage et de partage multipliée

Cochez la ou les bonnes réponses.

1. Associez pour le baladeur CD l'innovation, le nouvel objet et le changement induit par cette innovation :

a. ❑ 1 ; b ; B b. ❑ 1 ; a ; C c. ❑ 2 ; b ; C

2. Associez pour le bateau cargo l'innovation, le nouvel objet et le changement induit par cette innovation :

a. ❑ 3 ; b ; A b. ❑ 2 ; b ; C c. ❑ 3 ; c ; A

3. Associez pour le bâtiment à plusieurs étages l'innovation, le nouvel objet et le changement induit par cette innovation :

a. ❑ 2 ; b ; B b. ❑ 1 ; b ; B c. ❑ 2 ; b ; C

Mémo'Quiz

1. Une rupture technologique est :
a) ❑ une petite évolution d'un objet
b) ❑ un grand changement qui rend l'objet plus performant
c) ❑ la fin du cycle de vie de l'objet

2. La roue est apparue :
a) ❑ vers 3000 av. J.-C.
b) ❑ dans les années 1200
c) ❑ à la fin du XXe siècle

→ corrigés p. 128

© Nathan 2017 – Mes Max' Fiches ABC

Cycle de vie et impact environnemental

47

mes notes

Lue Relue Apprise

1 Retenir l'essentiel

A Cycle de vie des objets

- **Les objets ont un cycle de vie** : ils sont créés à partir de matières premières et sont détruits ou recyclés lorsqu'ils ne nous sont plus utiles ou lorsqu'ils ne fonctionnent plus.
- **Les principales étapes du cycle de vie d'un objet** sont : l'extraction des matières premières, la fabrication, le transport, la distribution, l'utilisation et la fin de vie.

B Solutions pour réduire l'impact environnemental

- **Nos besoins en énergie et en matières premières augmentent fortement** avec l'accroissement de la population et la hausse du niveau de vie moyen sur Terre.
- **Pour limiter l'impact environnemental de nos objets, de nombreuses solutions existent** tout au long de leur cycle de vie :
  - diminuer la consommation d'énergie lors de l'extraction et du transport des matières premières ;
  - réduire la quantité de matériaux utilisée pour fabriquer l'objet ;
  - utiliser des procédés de fabrication plus économes en énergie ;
  - prendre en compte la fin de vie de l'objet et son recyclage ;
  - supprimer les emballages inutiles.

Piège à éviter

Ce n'est pas parce qu'un objet ne pollue pas durant sa phase d'utilisation qu'il n'a pas d'impact sur l'environnement.

- **Les normes sont des règles fixées par les États ou les organisations (ONU, UE) pour limiter l'impact environnemental des objets, garantir leur qualité, leur provenance et/ou leur sécurité.** Les entreprises doivent respecter ces règles quand elles conçoivent et fabriquent de nouveaux objets.

  Exemples : la norme NF HQE est une norme française de haute qualité environnementale pour les bâtiments.
  La norme ISO 14 001 est une norme internationale qui a pour fonction d'aider les entreprises à mesurer l'impact environnemental de leur activité.

Remarque

Les normes environnementales sont de plus en plus strictes afin d'obliger les entreprises et les particuliers à réduire leur impact sur l'environnement.

mes notes

2 Application : analyse d'un document

DOC **Une entreprise qui se préoccupe de son impact environnemental**

L'entreprise Pocheco fabrique des enveloppes en papier et s'efforce de réduire au maximum l'impact environnemental de ses produits.
Les déchets papiers issus de la découpe des enveloppes ont pu être valorisés : ils sont revendus à un recycleur. Sur la chaîne de production, des radiateurs à infrarouges ont remplacé l'air pulsé pour sécher les produits, ce qui a permis de diminuer de 16 % la facture d'électricité de l'entreprise. Les eaux souillées par les encres (qui ne contiennent plus de solvants) sont envoyées via un réseau souterrain dans une station de nettoyage où 80 pieds de bambous se chargent de les nettoyer.
Enfin, l'entreprise a aussi repensé le conditionnement de ses enveloppes. Il y a quinze ans, elle a conçu un rouleau sur lequel peuvent être enroulées jusqu'à 70 000 enveloppes. Il peut être récupéré chez les clients et réutilisé, ce qui réduit l'encombrement lors du transport et les déchets de cartons et de films plastiques générés par l'emballage classique.

Cochez la ou les bonnes réponses.

1. Dans quelle étape du cycle de vie l'utilisation de radiateurs à infrarouges a-t-elle permis de réduire l'impact écologique des enveloppes ?
a. ❏ le recyclage b. ❏ l'utilisation c. ❏ la fabrication

2. Dans quelles étapes du cycle de vie l'utilisation d'un rouleau pour conditionner les enveloppes a-t-elle permis de réduire leur impact écologique ?
a. ❏ le transport b. ❏ le recyclage c. ❏ l'utilisation

Mémo'Quiz

1. Pour évaluer l'impact écologique d'un produit, il faut prendre en compte :
a) ❏ sa fabrication b) ❏ son utilisation c) ❏ son recyclage

2. L'étape du cycle de vie qui suit généralement l'étape d'utilisation est :
a) ❏ la fabrication b) ❏ la distribution c) ❏ le recyclage

→ corrigés p. 128

© Nathan 2017 – Mes Maxi Fiches ABC

Analyse fonctionnelle d'un système

48

Lue Relue Apprise

mes notes

1 Retenir l'essentiel

A Différencier objet et système

- **On appelle système un objet complexe qui possède plusieurs fonctions, alors qu'un objet simple dispose d'une seule fonction.** Comme un objet, un système est créé par l'être humain pour répondre à un besoin.
- **Un système utilise de l'énergie.** Cette énergie est transformée dans le but de satisfaire la fonction d'usage.

Exemples : une tasse est un objet simple, qui dispose d'une seule fonction, contenir un liquide. Une barrière de parking automatique est un système complexe, qui utilise de l'énergie et dispose de plusieurs fonctions.

Remarque

Les principales sources d'énergie sont les sources musculaire, éolienne, fossile, hydraulique, solaire.

B Représenter le fonctionnement d'un système

- **Il est courant d'utiliser un schéma ou un diagramme** pour représenter le fonctionnement global du système. Ce diagramme peut être plus ou moins détaillé.

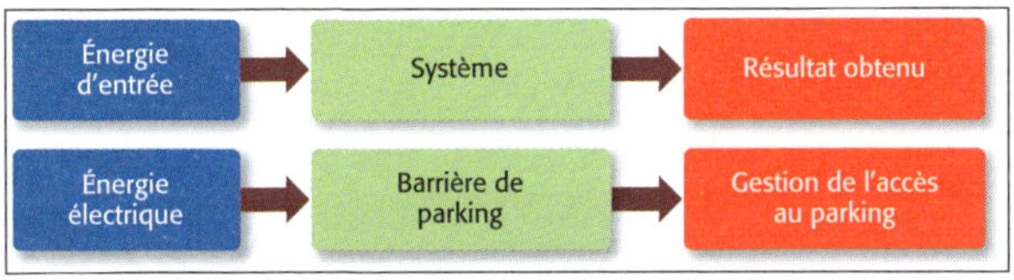

Doc. Diagramme de fonctionnement d'un système

C Décomposer le système en fonctions techniques

- **Un système peut être décomposé en fonctions techniques.** Une fonction technique est un sous-ensemble qui a un rôle précis dans le fonctionnement de l'objet.

Exemple : les fonctions techniques du système d'une barrière de parking automatique sont « détecter l'utilisateur », « actionner la barrière », « signaler la mise en mouvement ».

- **Chaque fonction technique est réalisée à l'aide de composants dédiés à cette fonction.** Ces composants peuvent être des pièces mécaniques, des composants électroniques ou encore des programmes informatiques.

mes notes

2 Application : analyse d'un document

DOC **Le fonctionnement d'un drone de sauvetage**

Un drone de type quadricoptère est un outil précieux pour les secouristes en montagne. Il est appelé à intervenir en cas d'avalanche ou de personnes perdues en montagne. Alimenté à l'aide d'une batterie, il est commandé par un sauveteur avec une télécommande. Il dispose d'une caméra thermique pour détecter la chaleur humaine et d'un GPS pour suivre la cartographie des chemins de randonnée.

Cochez la ou les bonnes réponses.

1. Ce drone est :
a. ❑ un objet technique b. ❑ un besoin c. ❑ un système

2. L'énergie utilisée par ce système est :
a. ❑ l'énergie éolienne b. ❑ l'énergie fossile
c. ❑ l'énergie électrique

Mémo'Quiz

1. Un système est :
a) ❑ un objet simple
b) ❑ un objet complexe
c) ❑ un objet qui n'utilise pas d'énergie

2. Pour représenter le fonctionnement d'un système, il est possible :
a) ❑ de réaliser un tableau
b) ❑ de réaliser un schéma ou un diagramme
c) ❑ de réaliser une frise

3. Il est possible de décomposer un système suivant :
a) ❑ ses fonctions techniques
b) ❑ ses objets techniques
c) ❑ ses besoins

→ corrigés p. 128

© Nathan 2017 – Mes Maxi Fiches ABC

Choix des solutions techniques

49

☐ Lue ☐ Relue ☐ Apprise

mes notes

1 Retenir l'essentiel

A Des solutions par fonction technique

- **Une solution technique est un ensemble de composants qui permet de réaliser une fonction technique.**
- **Il faut choisir la solution technique la plus adaptée au cahier des charges** lors de la conception d'un système.
- Pour respecter les contraintes, le choix de la solution peut être réalisé suivant plusieurs critères : le fonctionnement, le coût, la durée de vie, l'impact écologique...

Vocabulaire

L'ensemble des pièces réalisant une fonction technique est appelé « **bloc fonctionnel** ».

B Choix d'une énergie

Le choix des énergies s'effectue en fonction des contraintes définies dans le cahier des charges :

- **le coût de l'énergie** : le choix de l'énergie utilisée peut avoir un impact très important sur le coût de fonctionnement de l'objet (par exemple un système de chauffage électrique ou au fuel) ;
- **l'impact environnemental** : quand cela est possible, il est préférable de choisir parmi les sources d'énergie renouvelables (voir fiche n° 15) ;
- **la quantité d'énergie nécessaire :** les systèmes très énergivores (avions, camions, voitures...) utilisent le pétrole, car c'est une source d'énergie très dense et efficace.

C Choix des matériaux

- **Le choix des matériaux s'effectue en fonction des contraintes définies dans le cahier des charges :** la conductivité électrique, la dureté, le prix, mais aussi la façon dont le matériau peut être mis en forme.
- Parmi les matériaux, le choix peut se faire entre trois familles :
  - les **céramiques** (verre, faïence, porcelaine...), d'origine minérale ;
  - les **métaux** (acier, aluminium, cuivre...), d'origine minérale ;
  - les **matières organiques** (végétaux et animaux), d'origine organique.
- Un **matériau composite** est un assemblage de matériaux provenant de familles différentes.

Remarque

Les matières plastiques sont issues du pétrole et en grande partie constituées de carbone, elles sont donc classées dans la famille des matériaux organiques.

mes notes

2 Application : analyse d'un document

DOC Le sèche-mains Dyson Airblade

Le sèche-mains Dyson Airblade utilise une solution technique nouvelle pour sécher les mains. Cette solution est composée d'un moteur très puissant qui propulse de l'air filtré dans des fentes à très haute vitesse.
Pour fonctionner, ce système est relié au réseau électrique du bâtiment dans lequel il est installé. La coque du sèche-mains est fabriquée en matière plastique grise moulée avec des formes arrondies.

Cochez la ou les bonnes réponses.

1. La solution technique qui propulse l'air dans le sèche-mains Dyson Airblade est :
a. ❑ un moteur électrique
b. ❑ un générateur électrique
c. ❑ un système

2. L'énergie utilisée par ce système est de l'énergie :
a. ❑ éolienne
b. ❑ fossile
c. ❑ électrique

Mémo'Quiz

1. Une solution technique est :
a) ❑ une énergie qui fait fonctionner le système
b) ❑ un moteur électrique
c) ❑ un ensemble de pièces réalisant une fonction technique

2. Le choix des matériaux s'effectue en fonction :
a) ❑ des contraintes du cahier des charges
b) ❑ des envies des utilisateurs
c) ❑ des disponibilités des matières premières

3. Le coût de fonctionnement d'un système varie suivant :
a) ❑ le choix de l'énergie utilisée par le système
b) ❑ l'esthétique du système
c) ❑ les matériaux utilisés pour la fabrication du système

➜ corrigés p. 128

© Nathan 2017 – Mes Maxi Fiches ABC

Chaîne d'énergie et chaîne d'information

50

Lue Relue Apprise

mes notes

1 Retenir l'essentiel

A Flux d'énergie et flux d'information

- **Dans un système, un flux est un déplacement d'énergie, de matière ou d'information.** Ce flux a une origine, une destination et suit un trajet.
- **Le système effectue des opérations élémentaires sur les flux d'énergie et d'information qu'il utilise :**
  - stockage,
  - transmission,
  - transformation.

B Chaîne d'information

- **La chaîne d'information décrit les flux d'information et les opérations sur les flux d'information à l'intérieur du système.**

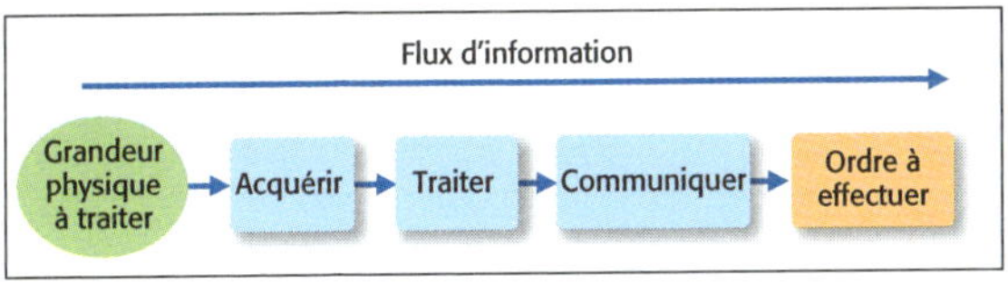

C Chaîne d'énergie

- **La chaîne d'énergie décrit les flux d'énergie et les opérations sur les flux d'énergie à l'intérieur du système.**

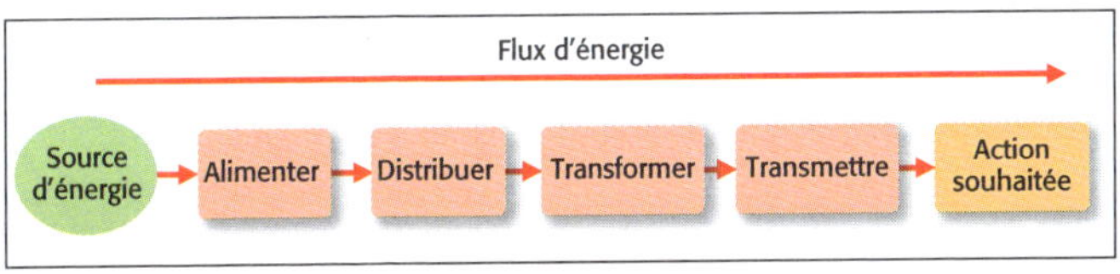

- Dans une chaîne d'énergie, **l'énergie peut être transférée ou convertie sous plusieurs formes :** cinétique, potentielle (dépendant de la position), électrique, thermique...

mes notes

2 Application : analyse d'un document

DOC **Les essuie-glaces automatiques**

Les essuie-glaces automatiques équipent depuis quelques années la plupart des véhicules neufs. Ce système permet d'adapter automatiquement la cadence des essuie-glaces à la quantité de pluie sur le pare-brise. Il est constitué d'un capteur de pluie fonctionnant à l'aide de rayons lumineux invisibles qui se reflètent à l'intérieur du pare-brise.

Lorsque le conducteur règle le levier de commande en mode automatique, le calculateur traite l'information en provenance du capteur de pluie et transmet un ordre (sous forme de signal électrique) au relais qui commande le moteur d'essuie-glaces.

Enfin, le mouvement est transmis aux balais d'essuie-glace à l'aide d'un système mécanique bielle-manivelle.

Cochez la ou les bonnes réponses.

1. La solution technique de la fonction « Acquérir » des essuie-glaces automatiques est :

a. ❑ un capteur de pluie b. ❑ un calculateur c. ❑ un fil électrique

2. La solution technique qui transforme l'énergie en mouvement est :

a. ❑ la batterie b. ❑ le relais

c. ❑ le moteur électrique

Mémo'Quiz

1. Dans un système, un flux est :

a) ❑ un témoin lumineux indiquant la présence de tension

b) ❑ un déplacement de matière, d'énergie ou d'information

c) ❑ un appareil de mesure

2. Dans une chaîne d'information, on retrouve l'opération :

a) ❑ Transformer b) ❑ Adapter c) ❑ Communiquer

3. L'opération « Distribuer » fait partie :

a) ❑ de la chaîne d'information b) ❑ de la chaîne d'énergie

c) ❑ de la chaîne d'information et d'énergie

→ corrigés p. 128

© Nathan 2017 – Mes Maxi Fiches ABC

Modélisation d'un système ou d'un objet technique

51

mes notes

☐ Lue ☐ Relue ☐ Apprise

1 Retenir l'essentiel

A Modéliser en deux dimensions (2D)

- **La modélisation 2D correspond à la représentation d'un objet technique en 2 dimensions,** c'est-à-dire « à plat ». Cette représentation se dessine généralement sur un plan.
- **Les architectes et les ingénieurs utilisent des plans pour communiquer et échanger des idées.** Ces plans sont normalisés, ils utilisent un langage codifié pour être compris par tout le monde.

  Exemple : voici le plan d'un appartement. Il permet au client et au vendeur d'échanger sur la disposition et les surfaces des pièces. Il peut aussi préciser l'emplacement des prises électriques et des convecteurs.

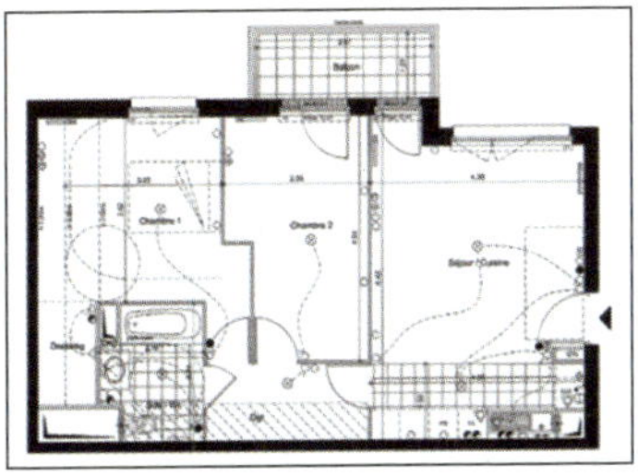

Doc. Plan d'un appartement

Remarque

Chaque type de modélisation convient à un usage particulier. Pour une maison, le plan sert à l'architecte pour communiquer avec les ouvriers, la modélisation 3D au cuisiniste pour ses futurs cliens.

B Modéliser en trois dimensions (3D)

- **La modélisation 3D, appelée aussi tridimensionnelle, est la représentation d'un objet technique en 3 dimensions :** sa longueur, sa hauteur et sa profondeur, que l'on peut définir selon 3 axes X, Y et Z.
- **La représentation 3D permet de visualiser l'apparence de l'objet ou du système.** Elle comprend moins d'informations techniques que le plan.

Vocabulaire

Prototype : premier exemplaire d'un objet sur lequel une série de tests sera effectuée pour valider les solutions techniques retenues.

C Fabriquer un prototype après la modélisation

- Lorsque le modèle numérique est réalisé, **il est possible de fabriquer un prototype** avec une imprimante 3D ou une fraiseuse à commande numérique.
- Il faut importer le fichier du logiciel CAO dans le logiciel de pilotage de la machine et paramétrer l'usinage.

mes notes

2 Application : analyse d'un document

DOC **Plan et représentation volumique d'un appartement**

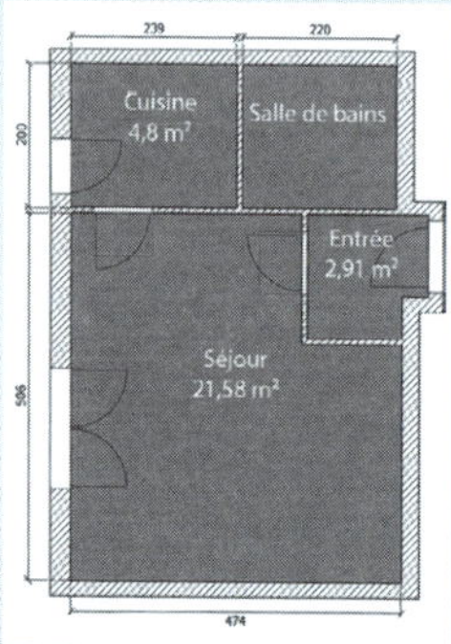

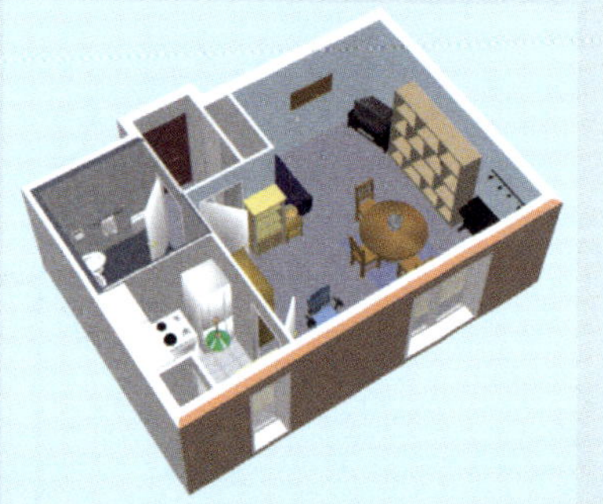

Cochez la ou les bonnes réponses.

1. La représentation de gauche est :
a. ❑ une maquette b. ❑ un plan 2D c. ❑ une modélisation 3D

2. Selon le plan, la surface de la salle de bains est de :
a. ❑ 4,4 m³ b. ❑ 4,8 m² c. ❑ 4,4 m²

Mémo'Quiz

1. Un plan est :
a) ❑ une représentation plane en deux dimensions
b) ❑ une représentation volumique en trois dimensions
c) ❑ utilisé par les architectes pour donner des précisions sur l'objet

2. Une modélisation volumique permet de :
a) ❑ visualiser l'apparence de l'objet
b) ❑ visualiser l'objet sous différents angles de vue
c) ❑ communiquer précisément sur les dimensions de l'objet

3. Un prototype permet :
a) ❑ de valider les solutions techniques retenues
b) ❑ d'effectuer des tests et mesures
c) ❑ de fabriquer un produit en grande série

→ corrigés p. 128

© Nathan 2017 – Mes Maxi Fiches ABC

Simulation du comportement d'un système ou d'un objet technique

52

Lue Relue Apprise

mes notes

1 Retenir l'essentiel

A Simuler un comportement mécanique

- **Les outils de simulation permettent de simuler des efforts sur une structure** (hangar, maison, immeuble), afin par exemple d'évaluer sa déformation en fonction du vent, du poids de la neige, des tremblements de terre...
- **La modélisation permet également de simuler l'usure, les frottements ou la déformation** d'une pièce dans un système en mouvement.

Remarque

La simulation par ordinateur, notamment les crash tests de voitures, permet de réduire le nombre d'essais sur les modèles réels et par conséquent de gagner du temps et de l'argent !

B Simuler un comportement électrique et électronique

- **Les logiciels de simulation permettent de simuler le comportement de composants électroniques et électriques** (résistances, DEL, moteurs, écrans LCD...), **de vérifier leur bon dimensionnement** (choix des valeurs) ou de valider un montage électronique.
- Une fois le montage validé, il est également possible d'utiliser des **logiciels de routage électrique** pour réaliser les cartes électroniques.

C Simuler un comportement logiciel

- **Il existe de nombreux outils pour simuler les programmes créés.** Ces outils peuvent être intégrés aux logiciels de programmation ou être indépendants.
- **La simulation logicielle permet de corriger les erreurs** dans le programme. On peut visionner l'état des variables, le résultat des tests, les blocages dans les boucles...
- La simulation logicielle s'exécute à très grande vitesse (plusieurs milliers d'opérations par seconde), il est difficile de comprendre ce qui se passe. **Le mode pas à pas proposé par le programme permet de ralentir son déroulement.**
- La simulation est également utilisée pour prévoir le trafic automobile, le comportement des foules dans les stades, la propagation des incendies.

Piège à éviter

La simulation d'une situation peut être erronée. En effet, en situation réelle, les résultats peuvent varier du fait de nombreux paramètres (conditions météorologiques, usure des pièces...).

mes notes

2 Application : analyse d'un document

DOC **Simulation de la déformation d'un abribus**

Une entreprise conçoit un nouvel abribus. Elle a soumis un de ses modèles à une simulation de déformation, dont voici le résultat.

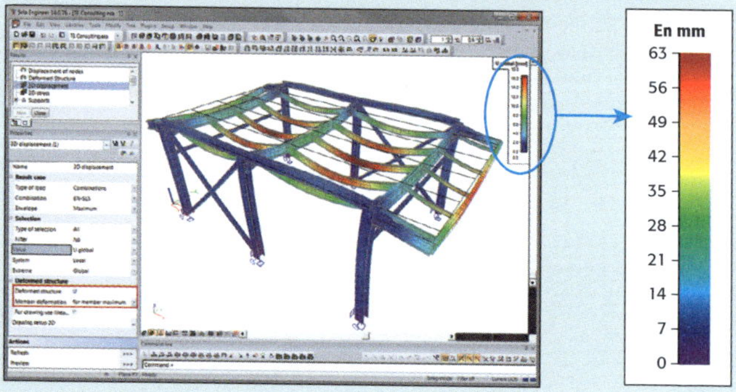

Cochez la ou les bonnes réponses.

1. La partie de l'abribus qui a subi la plus grande déformation est :
a. ❑ les piliers b. ❑ les vitres c. ❑ le toit

2. L'événement qui pourrait avoir causé ces déformations est :
a. ❑ un vent fort b. ❑ le poids de la neige sur le toit
c. ❑ le choc d'un véhicule contre l'abribus

Mémo'Quiz

1. La simulation mécanique sur une structure permet de simuler :
a) ❑ sa résistance aux chocs b) ❑ sa déformation
c) ❑ son usure

2. La simulation électronique permet de simuler :
a) ❑ le comportement des composants
b) ❑ l'usure des composants
c) ❑ l'implantation des composants sur la carte électronique

3. Dans un logiciel de simulation logicielle, le mode pas à pas permet de :
a) ❑ pirater le programme b) ❑ modifier le programme
c) ❑ ralentir le déroulement du programme pour vérifier son fonctionnement

➜ corrigés p. 128

© Nathan 2017 – Mes Maxi Fiches ABC

Contrôle et validation du prototype

53

Lue Relue Apprise

mes notes

1 Retenir l'essentiel

A Contrôler la fabrication d'une pièce, d'un assemblage

- **Il convient d'effectuer des contrôles tout au long de la fabrication des éléments** pour vérifier qu'ils sont conformes à ce qui est attendu : mesurer les pièces, vérifier les surfaces...
- **Il faut définir un procédé, un protocole, qui permettra de savoir si la pièce est validée**, doit être réajustée ou est inutilisable. Le protocole définit les éléments à contrôler, les instruments et les méthodes à employer, et l'ordre des opérations à effectuer.
- **Une fiche de contrôle est rédigée**, elle permettra le suivi des opérations.

B Utiliser des outils

- **Avant la fabrication, pendant la phase de conception, les logiciels de CAO** permettent de valider les assemblages entre les différents éléments (pièces).
- **Au cours de la fabrication, on utilise des instruments de mesure ou des gabarits** pour contrôler les dimensions de l'objet.
- **La tolérance d'une mesure est la marge d'erreur autorisée** par le cahier des charges ou inscrite sur un dessin technique.

Définition

CAO (conception assistée par ordinateur) : utilisation de logiciels spécialisés pour concevoir des objets ou systèmes techniques.

Idée à retenir

Les instruments de mesure permettent de connaître les dimensions de la pièce à contrôler. Grâce aux gabarits, la conformité d'une pièce est vérifiée d'un seul coup d'œil.

C Valider le prototype

- **Le prototype est l'objet qui va subir des tests.** À l'aide du cahier des charges, un technicien vérifie que les contraintes imposées sont respectées.
- **Si le prototype ne satisfait pas les contraintes, il faudra alors reprendre la conception**, corriger les erreurs, trouver des compromis et fabriquer un nouveau prototype. Cette deuxième version sera elle aussi testée.
- **Si les contraintes sont respectées, le prototype est validé**, et la fabrication en série peut commencer.

mes notes

2 Application : analyse d'un document

DOC Contrôle de fabrication

Une entreprise fabrique à la main des pots de fleurs en terre cuite. Afin de faciliter la vérification de la conformité des pots fabriqués, l'entrepreneur applique la procédure de contrôle des pièces du diagramme ci-dessous.

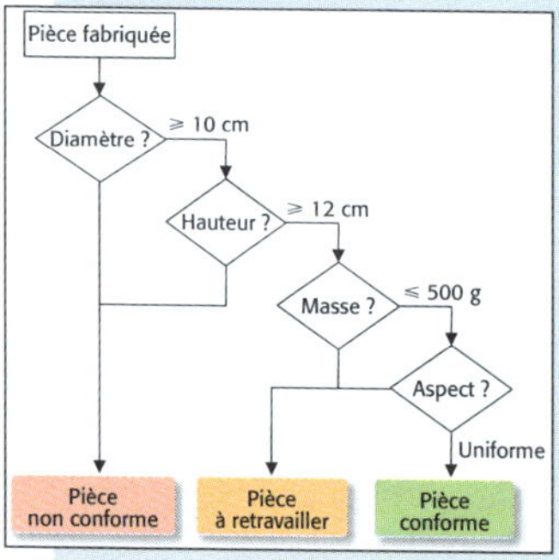

N° de la pièce	Diamètre (en cm)	Hauteur (en cm)	Masse	Aspect
843	11	12	450	Uniforme
844	9	13	410	Tachetée
845	10	15	500	Uniforme
846	12	13	589	Fissurée
847	10,5	9	402	Uniforme

Procédure de contrôle et résultats

Cochez la ou les bonnes réponses.

1. Combien y a-t-il d'opérations de contrôle ?
a. ❑ 3 b. ❑ 4 c. ❑ 5

2. Pour quelle raison la pièce n° **847** est-elle non conforme ?
a. ❑ Son diamètre est incorrect. b. ❑ Sa hauteur est incorrecte.
c. ❑ Sa masse est incorrecte.

3. Combien y a-t-il de pièces conformes dans la série fabriquée ?
a. ❑ 2 b. ❑ 3 c. ❑ 4

Mémo'Quiz

1. Un gabarit de contrôle permet de :
a) ❑ vérifier rapidement la conformité d'une pièce
b) ❑ corriger une pièce défectueuse c) ❑ fabriquer une pièce

2. La tolérance d'une mesure est :
a) ❑ le nombre de mesures effectuées
b) ❑ la marge d'erreur autorisée
c) ❑ la longueur de la mesure

→ corrigés p. 128

© Nathan 2017 – Mes Maxi Fiches ABC

Matériel d'un réseau informatique

54

Lue Relue Apprise

mes notes

1 Retenir l'essentiel

A Différents réseaux informatiques

- **Un réseau informatique est un ensemble d'ordinateurs ou de terminaux** (imprimantes, téléphones, objets connectés...) reliés entre eux et capables de communiquer ensemble.
- **Internet est le plus grand réseau informatique du monde**, il connecte des milliards d'ordinateurs et de terminaux.
- **Un réseau LAN** (*Local Area Network*) **est un réseau privé** (entreprise, collège, domicile...). Il peut être relié à Internet par l'intermédiaire d'une passerelle.

Vocabulaire

Terminal : en informatique, c'est un objet technique (téléphone, ordinateur, imprimante, objet connecté...) capable de communiquer à travers un réseau.

B Moyens de connexion dans les réseaux

- **Pour connecter les ordinateurs d'un réseau,** on peut utiliser des moyens câblés ou filaires, ou des moyens de connexion sans fil.

Exemples :
Les moyens câblés ou filaires les plus utilisés sont le câble Ethernet, la fibre optique ou le réseau téléphonique fixe (le câble téléphonique qui arrive jusqu'aux habitations).
Les moyens sans fil les plus utilisés sont le Wi-Fi, le réseau téléphonique mobile (GSM, 3G, 4G...) ou encore la liaison satellite.

C Matériel d'interconnexion

- **Un commutateur réseau (*switch*)** est un boîtier qui permet de connecter plusieurs ordinateurs entre eux dans un LAN.
- **Une passerelle (ou modem/routeur)** est un boîtier qui permet de connecter deux réseaux ensemble, le plus souvent un réseau LAN à Internet.
- **Un point d'accès sans fil** est un boîtier qui permet de connecter plusieurs périphériques Wi-Fi entre eux. Il peut comporter une prise Ethernet afin de se connecter à un commutateur réseau.

Remarque

La « box » que nous avons chez nous rassemble entre autres commutateur, passerelle et point d'accès Wi-Fi dans un seul boîtier.

mes notes

2 Application : analyse d'un document

DOC Réseau d'une petite entreprise

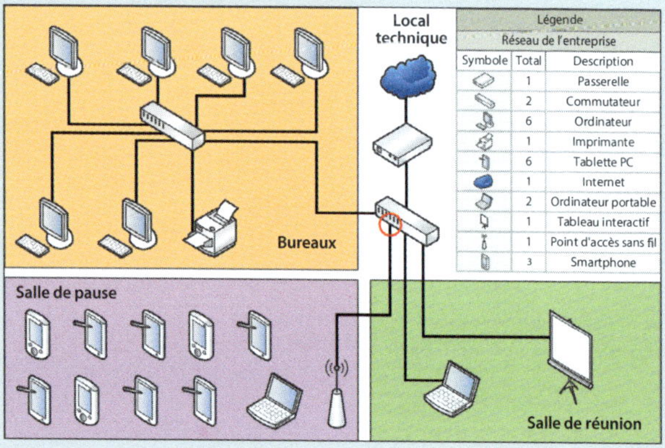

Légende		
Réseau de l'entreprise		
Symbole	Total	Description
	1	Passerelle
	2	Commutateur
	6	Ordinateur
	1	Imprimante
	6	Tablette PC
	1	Internet
	2	Ordinateur portable
	1	Tableau interactif
	1	Point d'accès sans fil
	3	Smartphone

Cochez la ou les bonnes réponses.

1. Dans ce réseau, le commutateur présent dans le local technique sert :
a. ❑ à distribuer du Wi-Fi aux tablettes
b. ❑ à interconnecter les PC des bureaux
c. ❑ à connecter les terminaux de l'entreprise ensemble et à Internet

2. Dans ce réseau, si le câble indiqué par le cercle rouge est coupé :
a. ❑ plus personne dans l'entreprise n'a accès à Internet
b. ❑ les terminaux de la salle de pause n'ont plus accès à Internet
c. ❑ l'ordinateur de la salle de réunion n'a plus accès à Internet

Mémo'Quiz

1. Dans un réseau, la passerelle sert à :
a) ❑ connecter plusieurs ordinateurs en Wi-Fi
b) ❑ connecter plusieurs ordinateurs en filaire
c) ❑ se connecter à un autre réseau (souvent le réseau Internet)

2. Dans la « box » des fournisseurs d'accès à Internet, on retrouve :
a) ❑ un commutateur b) ❑ une passerelle c) ❑ un point d'accès Wi-Fi

→ corrigés p. 128

© Nathan 2017 – Mes Maxi Fiches ABC

Réseau Internet et routage

55

Lue Relue Apprise

mes notes

1 Retenir l'essentiel

A Client et serveur

- **Un ordinateur appelé client utilise le réseau Internet pour accéder à des services fournis par un serveur.**
- **Le client et le serveur communiquent suivant un protocole**. À chaque action, le client envoie des demandes au serveur. Puis le serveur envoie des réponses au client.

Vocabulaire

Navigateur : logiciel qui permet de naviguer sur Internet en affichant des pages Web envoyées par un serveur (par exemple, Mozilla Firefox, Google Chrome, Internet Explorer, Safari...).

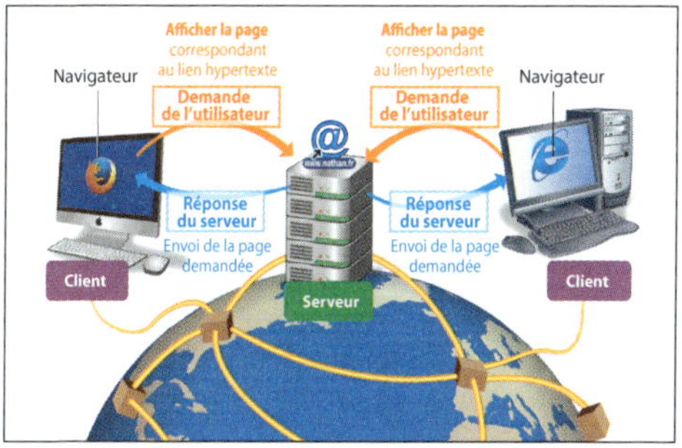

Doc. Deux clients et un serveur

B Réseau maillé

- **Internet est un réseau maillé :** il n'y a pas un équipement central d'interconnexion, mais chaque équipement peut avoir un ou plusieurs liens avec les autres équipements du réseau, formant ainsi une « toile ».
- **Ce réseau continue de fonctionner** même si l'un des équipements ou des liens est hors service. **Sur un réseau maillé, l'information dispose de plusieurs routes** (chemins) pour arriver jusqu'à son destinataire.

C Routage

- **Le routage est le mécanisme par lequel des chemins sont sélectionnés** dans un réseau pour acheminer, le plus vite possible, les données d'un expéditeur jusqu'à un ou plusieurs destinataires.
- **C'est une tâche exécutée dans de nombreux réseaux** (réseau téléphonique, réseaux de données comme Internet et réseaux locaux).

mes notes

2 Application : analyse d'un document

DOC **Réseau maillé (type Internet)**

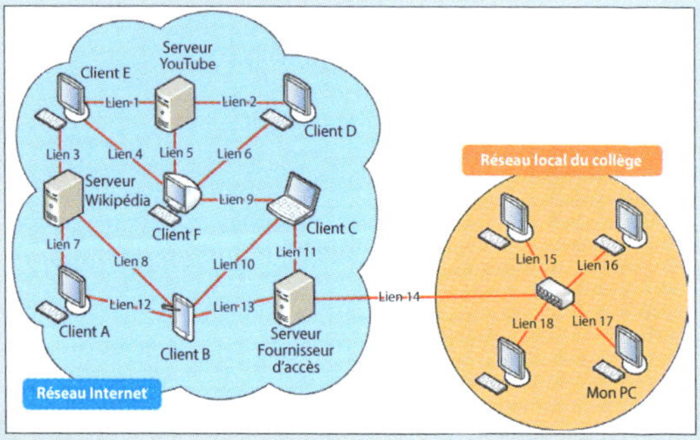

Cochez la ou les bonnes réponses.

1. Pour se connecter au réseau Internet depuis « Mon PC », ma communication doit passer obligatoirement par les liens :
a. ❑ 17 et 14 b. ❑ 13 et 12 c. ❑ 17 et 25

2. Si le lien 8 est défaillant :
a. ❑ la communication avec le serveur de Wikipedia est coupée
b. ❑ les communications peuvent toujours passer par les liens 7 ou 3
c. ❑ le client n° 8 est isolé du réseau

Mémo'Quiz

1. En informatique, un serveur :
a) ❑ est un ordinateur programmé pour fournir des services
b) ❑ répond aux demandes des clients qui s'adressent à lui
c) ❑ est une assistance technique par téléphone

2. Dans un réseau maillé :
a) ❑ il y a toujours un seul lien entre les équipements
b) ❑ il peut y avoir plusieurs liens entre les équipements
c) ❑ plusieurs routes sont possibles pour établir une communication entre deux terminaux

3. En informatique, le routage permet de :
a) ❑ vérifier la validité des échanges
b) ❑ dessiner le plan du réseau d'un bâtiment
c) ❑ sélectionner des chemins dans un réseau

➜ corrigés p. 128

© Nathan 2017 – Mes Maxi Fiches ABC

Protocoles de communication

56

☐ Lue ☐ Relue ☐ Apprise

mes notes

1 Retenir l'essentiel

A Définition

- **En informatique, un protocole de communication est un ensemble de règles fixées** afin que plusieurs machines puissent communiquer ensemble, c'est-à-dire échanger des données.
- **Les principales fonctions des protocoles de communication** sont l'établissement de la connexion, l'acheminement des données et la vérification de la validité des données échangées.

Exemples : les protocoles les plus utilisés sur Internet sont Ethernet, IP, TCP, UDP, FTP, HTTP, POP3, SMTP.

Idée à retenir

On peut comparer les protocoles informatiques à nos habitudes de communication dans la vie quotidienne. Par exemple, une lettre manuscrite commence toujours par un en-tête avec l'émetteur, le destinataire et l'objet du message, et se termine par une signature.

B Modèles en couches

- **Les protocoles sont généralement organisés en couches.** Chaque couche réalise une fonction (accès au réseau, transport des données, application...).
- **Il est souvent nécessaire d'utiliser plusieurs protocoles en même temps** pour qu'un échange de données soit possible. On utilise dans ce cas un protocole issu de chaque couche.

Exemple : couches et protocoles utilisés lorsqu'un serveur Web fournit une page Internet demandée.

	**Couche application** – Protocole utilisé : HTTP. Fonction : le serveur Web fournit les données de la page Internet à destination du navigateur (Chrome, Firefox).
	**Couche transfert** – Protocole utilisé : TCP. Fonction : segmente les données en petits paquets, gère les échanges de bout en bout et contrôle la validité des données.
	**Couche Internet** – Protocole utilisé : IP. Fonction : assure le routage des paquets TCP à travers le réseau grâce aux adresses IP et aux protocoles de routage.
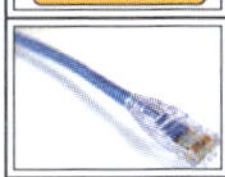	**Couche accès réseau** – Protocole utilisé : Ethernet. Formate les données en bits afin qu'ils puissent être transportés sur le support de communication (câble Ethernet RI45).

mes notes

2 Application : analyse d'un document

DOC **Exemples d'échanges entre un navigateur et un serveur Web**

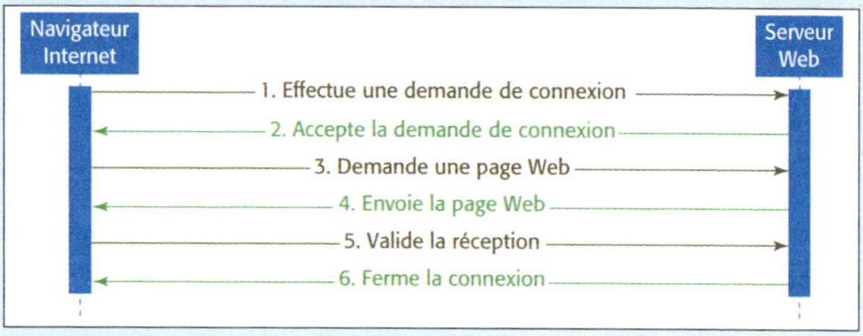

Cochez la ou les bonnes réponses.

1. Dans cet exemple, l'échange est initié par :
a. ❑ le client b. ❑ le serveur
c. ❑ le client et le serveur simultanément

2. Les échanges n° 3 et n° 4 relèvent de :
a. ❑ l'établissement de la connexion
b. ❑ l'acheminement des données
c. ❑ la vérification des données transmises

3. L'échange se termine par :
a. ❑ la fermeture de la connexion par le client
b. ❑ la fermeture de la connexion par le serveur
c. ❑ l'envoi de la page Web demandée

Mémo'Quiz

1. Un protocole de communication est :
a) ❑ un logiciel de messagerie b) ❑ un ordinateur client
c) ❑ un ensemble de règles à respecter

2. Pour assurer un échange, les protocoles sont organisés en :
a) ❑ couches b) ❑ strates
c) ❑ lignes

3. Le protocole HTTP fait partie de la couche :
a) ❑ transfert b) ❑ application
c) ❑ accès réseau

→ corrigés p. 128

© Nathan 2017 – Mes Maxi Fiches ABC

Capteurs, actionneurs et interfaces

57

Lue Relue Apprise

mes notes

1 Retenir l'essentiel

A Capteurs

- **Un capteur acquiert une grandeur physique** (température, vitesse, présence d'une personne...) et la transforme en une information compréhensible par un ordinateur.
- **L'information de sortie est souvent une intensité de courant électrique.** Cette information peut être de forme :
  - **analogique** : le signal de sortie peut prendre une infinité de valeurs dans une plage définie ;
  - **logique** : le signal de sortie peut prendre deux valeurs (0 ou 1), on parle alors de détecteur « tout ou rien » ;
  - **numérique** : l'information est codée de manière plus complexe en un message binaire (succession de 0 et de 1).

Remarque

Le téléphone est un bon exemple de système, il comprend des capteurs (microphone, écran tactile, accéléromètre, boussole...) et des actionneurs (haut-parleur, vibreur, LED...).

B Actionneurs

- **Un actionneur transforme l'énergie qui lui est transmise en une action.** Cette action peut être un signal lumineux, un mouvement, une production d'énergie thermique, un son...

  Exemples : un moteur électrique et une lampe sont des actionneurs que l'on retrouve très souvent dans les systèmes.

Idée à retenir

On peut comparer les capteurs à nos sens (toucher, vue, ouïe...) et les actionneurs à nos muscles qui commandent nos bras et nos jambes.

C Rédiger le cahier des charges

- **Les interfaces utilisateurs permettent à l'homme et à la machine de communiquer.** Ce sont des capteurs et actionneurs particuliers.
- **Quand l'utilisateur veut communiquer des ordres à la machine**, il peut par exemple utiliser un clavier, un bouton-poussoir ou un bouton rotatif, une souris, une commande vocale...
- **La machine communique** via des écrans de toutes sortes, des voyants lumineux, des haut-parleurs...
- **Il existe également des composants bidirectionnels** : la communication s'effectue dans les deux sens (homme vers machine et machine vers homme).

  Exemple : l'écran tactile est un composant bidirectionnel.

mes notes

2 Application : analyse d'un document

DOC **Le système d'alarme incendie**

Le système d'alarme incendie permet de détecter les départs d'incendie et d'avertir les personnes dans les bâtiments.

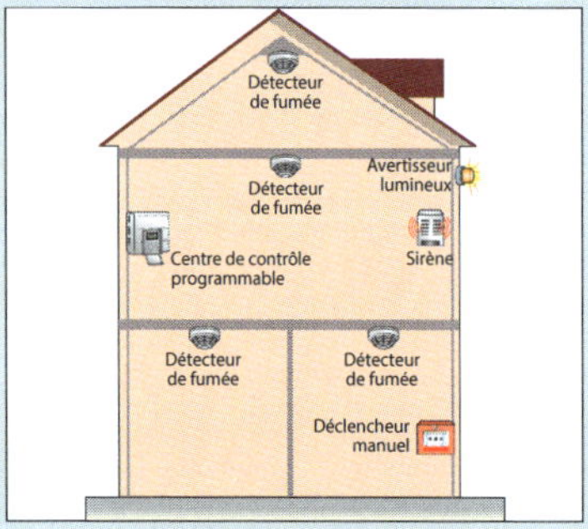

Système d'alarme incendie

Cochez la ou les bonnes réponses.

1. Le détecteur de fumée est :
a. ❑ une interface b. ❑ un actionneur c. ❑ un capteur

2. La sirène est :
a. ❑ une interface b. ❑ un actionneur c. ❑ un capteur

3. Le centre de contrôle programmable est :
a. ❑ une interface b. ❑ un actionneur c. ❑ un capteur

Mémo'Quiz

1. Un capteur acquiert :
a) ❑ une représentation numérique
b) ❑ des composants électroniques
c) ❑ une grandeur physique

2. Un signal logique peut prendre :
a) ❑ une dizaine de valeurs b) ❑ deux valeurs
c) ❑ toutes les valeurs

3. Un actionneur transforme l'énergie qui lui est transmise en :
a) ❑ une action b) ❑ une donnée c) ❑ une grandeur physique

→ corrigés p. 128

© Nathan 2017 – Mes Maxi Fiches ABC

Cartes programmables et objets connectés

58

Lue Relue Apprise

mes notes

1 Retenir l'essentiel

A Composants d'une carte programmable

- **Une carte programmable est un système électronique qui exécute un programme enregistré dans sa mémoire.**
- **Les composants d'une carte programmable** sont généralement :
  - **le processeur**, soit la partie de la carte programmable qui exécute les instructions et traite les données des programmes ;
  - **la mémoire**, un dispositif électronique qui sert à stocker des données et des variables ;
  - **les entrées/sorties**, qui relient détecteurs, capteurs et actionneurs à la carte ;
  - **l'alimentation**, qui fournit l'énergie électrique aux différents composants.

Remarque

Les cartes programmables peuvent être considérées comme des ordinateurs miniatures, car elles disposent d'un processeur, d'une mémoire, d'entrées et de sorties.

B Câblage des entrées et des sorties

Une carte programmable dispose généralement de plusieurs types d'entrées et de sorties :

- **les entrées et sorties numériques** permettent de connecter des détecteurs, des actionneurs de type « tout ou rien » ou des composants numériques. Les signaux électriques peuvent prendre seulement deux valeurs : 1 ou 0 ;
- **les entrées ou sorties analogiques** permettent de connecter des capteurs ou actionneurs. Les signaux électriques peuvent prendre toutes les valeurs comprises dans une plage, par exemple entre 0 et 5 V.

C Objets connectés

- **Un objet connecté est composé d'une carte programmable** avec une fonction supplémentaire qui lui permet de communiquer avec un réseau (Internet, GSM, GPS...). **Il est connecté, car il peut échanger des informations avec d'autres systèmes.**

  Exemple : la montre connectée reçoit des SMS, la météo... Elle se connecte par liaison sans fil à un smartphone.

Idée à retenir

La carte programmable est le cerveau du système, elle traite les données des capteurs et commande les actionneurs en suivant le programme qui lui a été donné.

mes notes

2 Application : analyse d'un document

DOC La carte programmable

Nous souhaitons réaliser un système simple qui adapte l'éclairage d'une pièce en fonction de la luminosité extérieure. La carte programmable peut exécuter un programme et utiliser ses entrées/sorties pour lire les informations d'un capteur de luminosité qui sera relié aux broches de la carte. Avant cette modification, le système contient un interrupteur et une lampe de type DEL.

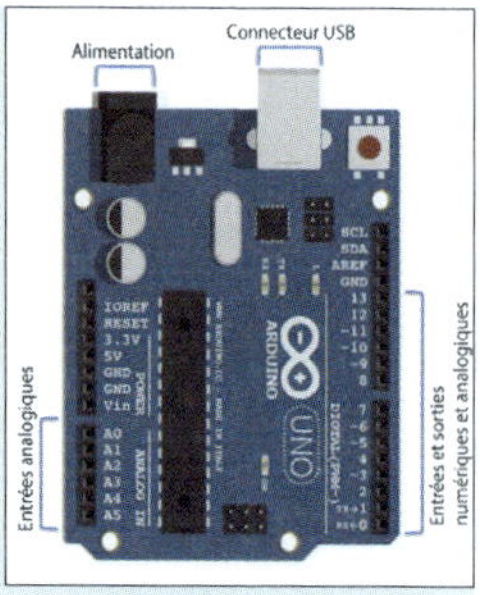

Cochez la ou les bonnes réponses.

1. L'interrupteur est initialement connecté sur les broches :
a. ❑ analogiques b. ❑ numériques c. ❑ d'alimentation

2. La lampe de type DEL est initialement connectée sur les broches :
a. ❑ analogiques b. ❑ numériques c. ❑ d'alimentation

3. Après la modification du système, il faut câbler la lampe de type DEL sur les broches :
a. ❑ analogiques b. ❑ numériques c. ❑ d'alimentation

Mémo'Quiz

1. Le processeur est la partie d'une carte programmable qui :
a) ❑ exécute des instructions
b) ❑ stocke les informations
c) ❑ alimente en énergie électrique les composants

2. Une mémoire informatique :
a) ❑ permet de stocker des données
b) ❑ exécute des instructions
c) ❑ alimente en énergie électrique les composants

3. Un objet connecté :
a) ❑ communique avec un réseau
b) ❑ est une représentation d'un algorithme
c) ❑ fabrique une pièce avec un logiciel

→ corrigés p. 128

© Nathan 2017 – Mes Maxi Fiches ABC

Programmes et algorithmes

59

Lue Relue Apprise

mes notes

1 Retenir l'essentiel

A Langage informatique

- **Un ordinateur utilise différents langages** pour communiquer avec les périphériques et faire fonctionner les logiciels.
- **Les langages sont choisis pour des usages spécifiques.** Il existe des langages plus adaptés pour la création de sites Internet, d'autres pour les logiciels professionnels, d'autres encore pour les applications sur téléphones ou tablettes.

  Exemples : l'*hypertext markup language*, généralement abrégé en HTML, est le format de données conçu pour représenter les pages web.C++ est un langage de programmation souvent utilisé pour la conception de logiciels.

Piège à éviter

Un système informatique ne dispose pas vraiment d'intelligence, il se contente d'exécuter une « recette » qui lui a été fournie par un programmeur.

B Programmes et données

- **Un programme informatique est un ensemble d'opérations destinées à être exécutées par un ordinateur.**
- **Un programme fait généralement partie d'un logiciel**, c'est-à-dire d'un ensemble de composants numériques destiné à fournir un service informatique. En effet, un logiciel peut comporter plusieurs programmes.
- **Les données et les variables sont les informations stockées et traitées par le programme**.

Vocabulaire

Bug informatique : événement imprévu et non désiré dans l'exécution d'un programme, qui bloque ou perturbe le fonctionnement du système.

C Algorithmes

- **Un algorithme est une succession d'opérations et d'instructions** permettant la réalisation d'une tâche ou la résolution d'un problème.
- **L'algorigramme permet de représenter un algorithme** pour comprendre rapidement le fonctionnement du programme.

mes notes

2 Application : analyse d'un document

DOC **Le store automatique**

Le store automatique soulage l'utilisateur de la tâche d'ouvrir et de fermer le store en fonction de la météo.

Ce store automatique s'ouvre et se ferme grâce à un capteur de luminosité. L'utilisateur souhaite améliorer la sécurité du système en ajoutant un anémomètre (capteur qui mesure la vitesse du vent) pour agir en complément du capteur de luminosité sur le store. Le store devra alors se fermer si le vent devient trop fort.

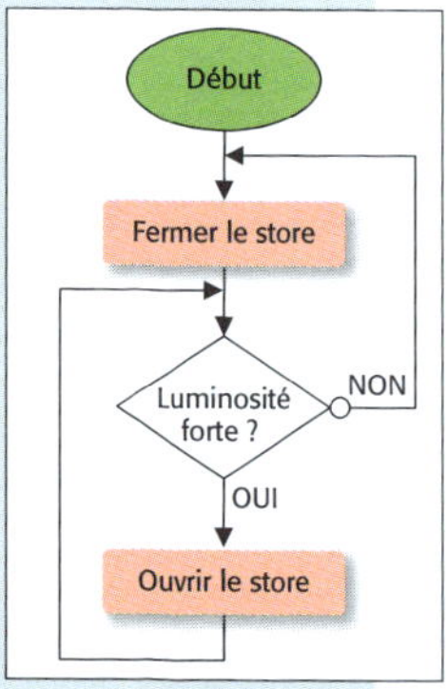

Algorigramme du store automatique

Cochez la ou les bonnes réponses.

1. Pour réaliser la modification du système, il faudra ajouter dans l'algorigramme :
a. ❑ un rectangle b. ❑ un losange
c. ❑ un cercle

2. Sur l'algorigramme, la lecture du capteur est symbolisée par :
a. ❑ un cercle b. ❑ un losange
c. ❑ un rectangle

3. Sur l'algorigramme, l'action sur un actionneur est symbolisée par :
a. ❑ un cercle b. ❑ un losange
c. ❑ un rectangle

Mémo'Quiz

1. L'algorigramme permet :
a) ❑ de soustraire des informations
b) ❑ de représenter un algorithme
c) ❑ d'afficher des variables

2. Pour communiquer, l'ordinateur utilise :
a) ❑ un langage b) ❑ une donnée c) ❑ un programme

➜ corrigés p. 128

© Nathan 2017 – Mes Maxi Fiches ABC

Classification emboîtée des animaux

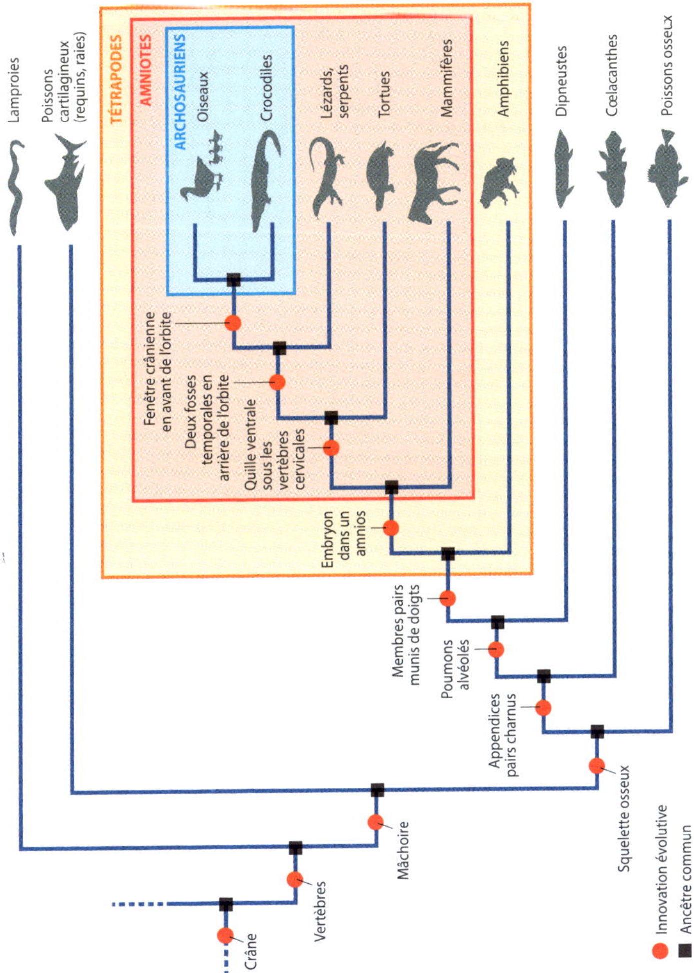

mes notes

Quelques symboles en électricité

mes notes

Photographie	Symbole
• Piles 	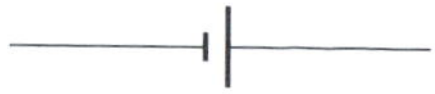
• Générateur 	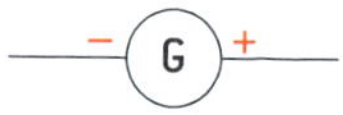
• Lampe 	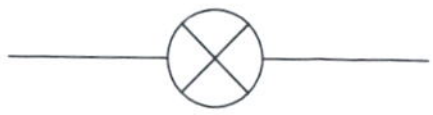
• Moteur 	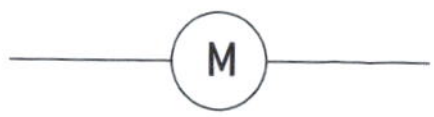
• Diode 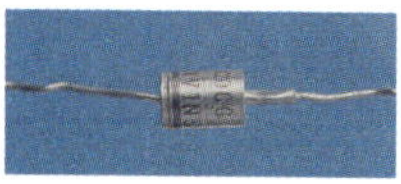	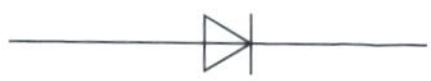
• Conducteur ohmique 	

© Nathan 2017 – Mes Maxi Fiches ABC

Corrigés des Mémo'Quiz

2. Application : **1**c – **2**a – **3**b. Mémo'Quiz : **1**a – **2**a – **3**bc.
3. Application : **1**b – **2**a. Mémo'Quiz : **1**b – **2**bc.
4. Application : **1**c – **2**a. Mémo'Quiz : **1**a – **2**a – **3**ab.
5. Application : **1**a – **2**b. Mémo'Quiz : **1**c – **2**ab.
6. Application : **1**a – **2**c – **3**c. Mémo'Quiz : **1**a – **2**ac – **3**b.
7. Application : **1**c – **2**a – **3**a. Mémo'Quiz : **1**ac – **2**bc.
8. Application : **1**a – **2**b. Mémo'Quiz : **1**a – **2**bc.
9. Application : **1**b – **2**c – **3**c. Mémo'Quiz : **1**b – **2**ac.
10. Application : **1**a – **2**a. Mémo'Quiz : **1**c – **2**c – **3**ac.
11. Application : **1**b – **2**c – **3**c. Mémo'Quiz : **1**ac – **2**ab – **3**b.
12. Application : **1**b – **2**c – **3**a. Mémo'Quiz : **1**b – **2**b.
13. Application : **1**b – **2**a. Mémo'Quiz : **1**ac – **2**c.
14. Application : **1**a – **2**a. Mémo'Quiz : **1**b – **2**c.
15. Application : **1**c – **2**b – **3**a. Mémo'Quiz : **1**c – **2**a – **3**bc.
16. Application : **1**a – **2**c – **3**b. Mémo'Quiz : **1**a – **2**ab – **3**ac.
17. Application : **1**b – **2**bc – **3**c. Mémo'Quiz : **1**bc – **2**b – **3**a.
18. Application : **1**a – **2**c – **3**c. Mémo'Quiz : **1**b – **2**ac.
19. Application : **1**a – **2**c – **3**b. Mémo'Quiz : **1**ab – **2**a – **3**bc.
20. Application : **1**a – **2**b – **3**b. Mémo'Quiz : **1**c – **2**bc – **3**bc.
21. Application : **1**c – **2**c. Mémo'Quiz : **1**ac – **2**b.
22. Application : **1**b – **2**c. Mémo'Quiz : **1**bc – **2**c – **3**a.
23. Application : **1**b – **2**b – **3**c. Mémo'Quiz : **1**ac – **2**c.
24. Application : **1**c – **2**a – **3**a. Mémo'Quiz : **1**c – **2**abc.
25. Application : **1**c – **2**bc. Mémo'Quiz : **1**c – **2**b – **3**ac.
26. Application : **1**a – **2**b – **3c**. Mémo'Quiz : **1**bc – **2**bc.
27. Application : **1**bc – **2**c – **3**c. Mémo'Quiz : **1**a – **2**ac.
28. Application : **1**c – **2**b – **3**c. Mémo'Quiz : **1**a – **2**abc.
29. Application : **1**c – **2**b – **3**c. Mémo'Quiz : **1**bc – **2**bc.
30. Application : **1**ab – **2**a – **3**ac – **4**ab. Mémo'Quiz : **1**ab – **2**abc.
31. Application : **1**c – **2**bc – **3**c. Mémo'Quiz : **1**ac – **2**b.
32. Application : **1**b – **2**a – **3**c. Mémo'Quiz : **1**c – **2**abc.
33. Application : **1**c – **2**b – **3**a. Mémo'Quiz : **1**ab – **2**b.
34. Application : **1**a – **2**b – **3**b. Mémo'Quiz : **1**b – **2**c.
35. Application : **1**c – **2**a – **3**b. Mémo'Quiz : **1**c – **2**ac.

Corrigés des Mémo'Quiz

36. Application : **1**b – **2**a – **3**b. Mémo'Quiz : **1**ab – **2**c – **3**b.
37. Application : **1**a – **2**b – **3**c. Mémo'Quiz : **1**b – **2**bc – **3**ab.
38. Application : **1**a – **2**c – **3**c. Mémo'Quiz : **1**b – **2**ac.
39. Application : **1**ac – **2**b – **3**a. Mémo'Quiz : **1**c – **2**ab.
40. Application : **1**c – **2**c – **3**b. Mémo'Quiz : **1**a – **2**a.
41. Application : **1**c – **2**a – **3**c. Mémo'Quiz : **1**b – **2**b.
42. Application : **1**c – **2**a – **3**a. Mémo'Quiz : **1**b – **2**a – **3**a.
43. Application : **1**c – **2**c – **3**c. Mémo'Quiz : **1**a – **2**b – **3**a.
44. Application : **1**b – **2**a. Mémo'Quiz : **1**a – **2**c.
45. Application : **1**a – **2**a – **3**a. Mémo'Quiz : **1**b – **2**c – **3**abc.
46. Application : **1**b – **2**c – **3**a. Mémo'Quiz : **1**b – **2**a.
47. Application : **1**c – **2**ab. Mémo'Quiz : **1**abc – **2**c.
48. Application : **1**c – **2**c. Mémo'Quiz : **1**b – **2**b – **3**a.
49. Application : **1**a – **2**c. Mémo'Quiz : **1**c – **2**a – **3**a.
50. Application : **1**a – **2**c. Mémo'Quiz : **1**b – **2**c – **3**b.
51. Application : **1**b – **2**c. Mémo'Quiz : **1**ac – **2**ab – **3**ab.
52. Application : **1**c – **2**b. Mémo'Quiz : **1**abc – **2**a – **3**c.
53. Application : **1**b – **2**b – **3**a. Mémo'Quiz : **1**a – **2**b.
54. Application : **1**c – **2**b – **3**b. Mémo'Quiz : **1**c – **2**abc.
55. Application : **1**a – **2**b. Mémo'Quiz : **1**ab – **2**bc – **3**c.
56. Application : **1**a – **2**b – **3**b. Mémo'Quiz : **1**c – **2**a – **3**b.
57. Application : **1**c – **2**b – **3**a. Mémo'Quiz : **1**c – **2**b – **3**a.
58. Application : **1**b – **2**b – **3**a. Mémo'Quiz : **1**a – **2**a – **3**a.
59. Application : **1**b – **2**b – **3**c . Mémo'Quiz : **1**b – **2**a.

© Nathan 2017 – Mes Maxi Fiches ABC

Fiches d'évaluation

Physique-Chimie

Constitution et états de la matière

Plusieurs réponses possibles

Calculez votre score en additionnant les points obtenus

1 Un mélange est constitué : **1 pt**

- ❑ **a.** d'une seule espèce chimique
- ❑ **b.** d'un seul type de molécule
- ❑ **c.** de plusieurs espèces chimiques

2 Un liquide a : **1 pt**

❑ **a.** une forme propre ❑ **b.** la forme du récipient ❑ **c.** un volume propre

3 Un gaz a un volume propre. **1 pt**

❑ **a.** vrai ❑ **b.** faux

4 Les espèces chimiques sont moins mobiles dans un état gazeux que dans un état liquide. **1 pt**

❑ **a.** vrai ❑ **b.** faux

5 La valeur de la température d'ébullition de l'eau déminéralisée est exactement la même que celle de l'eau de mer. **1 pt**

❑ **a.** vrai ❑ **b.** faux

6 La dissolution du sel solide dans de l'eau s'explique par la fusion du sel. **1 pt**

❑ **a.** vrai ❑ **b.** faux

7 L'air est : **1 pt**

- ❑ **a.** un corps pur
- ❑ **b.** surtout constitué de dihydrogène
- ❑ **c.** surtout constitué de diazote

8 Les changements d'état s'accompagnent : **1 pt**

- ❑ **a.** d'une variation de volume
- ❑ **b.** d'une variation de masse
- ❑ **c.** de transferts d'énergie

9 La masse volumique peut s'exprimer en : **1 pt**

❑ **a.** L/g ❑ **b.** g ❑ **c.** g/L

10 La valeur de la solubilité d'une espèce chimique dans de l'eau : **1 pt**

- ❑ **a.** est égale à la valeur de sa masse volumique
- ❑ **b.** est différente suivant les espèces chimiques
- ❑ **c.** est parfois exprimée en g/L

Total : .... /10

Si besoin → revoir les fiches 2 à 5.

Fiches d'évaluation

Transformations chimiques

Plusieurs réponses possibles

Calculez votre score en additionnant les points obtenus

1 Un atome : 1 pt

❏ **a.** contient des charges électriques
❏ **b.** est parfois chargé électriquement
❏ **c.** est électriquement neutre

2 Un noyau atomique est : 1 pt

❏ **a.** constitué d'électrons
❏ **b.** électriquement neutre
❏ **c.** porteur d'une charge électrique positive

3 Un ion chargé négativement est un atome qui a : 1 pt

❏ **a.** perdu un ou plusieurs protons
❏ **b.** gagné un ou plusieurs électrons
❏ **c.** perdu un ou plusieurs électrons

4 Une molécule est constituée : 1 pt

❏ **a.** de plusieurs ions
❏ **b.** de plusieurs atomes
❏ **c.** d'un seul atome

5 La formule $C_9H_8O_4$ signifie : 1 pt

❏ **a.** qu'il y a 4 molécules contenant chacune 1 atome de carbone, 9 atomes d'hydrogène et 8 atomes d'oxygène
❏ **b.** que la molécule contient 9 atomes de carbone, 8 atomes d'hydrogène et 4 atomes d'oxygène
❏ **c.** que la molécule contient du carbone, de l'hydrogène et de l'oxygène

6 Une molécule de diazote contient deux molécules d'azote. 1 pt

❏ **a.** vrai
❏ **b.** faux

7 Lors d'une transformation chimique, la masse totale des réactifs : 1 pt

❏ **a.** est supérieure à la masse totale des produits
❏ **b.** est inférieure à la masse totale des produits
❏ **c.** est identique à la masse totale des produits

8 Une solution de pH = 9 : 1 pt

❏ **a.** est une solution basique
❏ **b.** contient plus d'ions HO^- que d'ions H^+
❏ **c.** contient plus d'ions H^+ que d'ions HO^-

9 Une solution acide peut subir une réaction acido-basique si on lui ajoute : 1 pt

❏ **a.** une solution acide
❏ **b.** une solution basique
❏ **c.** une solution neutre

10 Les acides peuvent réagir avec certains métaux. 1 pt

❏ **a.** vrai
❏ **b.** faux

Total : .... /10

Si besoin → **revoir les fiches 6 et 7.**

© Nathan 2017 – Mes Maxi Fiches ABC

Fiches d'évaluation

Organisation de la matière dans l'Univers

Plusieurs réponses possibles

Calculez votre score en additionnant les points obtenus

1 Notre système solaire : 1 pt

❑ **a.** contient 8 étoiles
❑ **b.** ne contient qu'une seule étoile
❑ **c.** contient 8 planètes
❑ **d.** est le seul système planétaire de l'Univers

2 La Voie lactée : 1 pt

❑ **a.** est notre système solaire
❑ **b.** est un nuage de gaz
❑ **c.** contient un grand nombre d'étoiles
❑ **d.** contient d'autres planètes que celles de notre système solaire
❑ **e.** est notre galaxie

3 La matière présente sur Terre a pour origine : 1 pt

❑ **a.** la matière contenue dans le Soleil
❑ **b.** la matière contenue dans une étoile

4 Les atomes d'hydrogène présents sur Terre et sur Jupiter : 1 pt

❑ **a.** possèdent les mêmes noyaux
❑ **b.** sont identiques
❑ **c.** n'ont pas la même composition

5 Une année-lumière est une valeur : 1 pt

❑ **a.** de distance ❑ **b.** de durée ❑ **c.** de vitesse

6 Un kilomètre correspond à : 1 pt

❑ **a.** 10^3 m ❑ **b.** 10^{-3} m ❑ **c.** 10^5 m

7 L'ordre de grandeur du diamètre du système solaire est : 1 pt

❑ **a.** $1{,}5 \times 10^{10}$ m ❑ **b.** $1{,}5 \times 10^3$ m ❑ **c.** 10^{10} km
❑ **d.** 10^7 km

8 L'atome d'hydrogène contient 1 électron et 1 nucléon. Il contient ainsi : 1 pt

❑ **a.** deux protons ❑ **b.** aucun proton ❑ **c.** un proton

9 Un atome comporte autant de protons que d'électrons. 1 pt

❑ **a.** vrai ❑ **b.** faux

10 Un atome contenant 3 protons possède : 1 pt

❑ **a.** aucun électron ❑ **b.** 3 électrons ❑ **c.** 6 électrons

Total : .... /10

Si besoin → **revoir les fiches 8 à 10.**

Mouvement et interaction

Plusieurs réponses possibles

Calculez votre score en additionnant les points obtenus

1 Le mouvement d'un voyageur qui marche dans un train se déplaçant par rapport au quai d'une gare : 1,5 pt

❑ **a.** est le même par rapport au train et par rapport au quai
❑ **b.** est le même par rapport au quai et par rapport au sol terrestre
❑ **c.** est le même par rapport au train et par rapport à un siège fixe dans le train

2 L'ensemble des positions successives occupées par un point au cours de son mouvement : 1 pt

❑ **a.** forme un cercle si le mouvement est circulaire
❑ **b.** forme une droite si le mouvement n'est pas circulaire
❑ **c.** est nommé la trajectoire du point

3 Entre la valeur de la vitesse *v* d'un objet en mouvement uniforme et la distance *d* parcourue par cet objet pendant une durée *t*, on peut écrire : 1,5 pt

❑ **a.** $v = \frac{d}{t}$ ❑ **b.** $v = \frac{t}{d}$ ❑ **c.** $d = v \times t$

4 Un mouvement est non uniforme si : 1 pt

❑ **a.** la direction de la vitesse change durant le mouvement
❑ **b.** la valeur de la vitesse change durant le mouvement
❑ **c.** le mouvement n'est pas rectiligne

5 Deux corps sont en interaction si : 1 pt

❑ **a.** les mouvements des deux corps sont indépendants les uns des autres
❑ **b.** le mouvement de l'un des corps dépend de la présence de l'autre, et réciproquement

6 Le poids d'un objet au voisinage du sol terrestre est égal à sa masse. 1 pt

❑ **a.** vrai ❑ **b.** faux

7 La masse d'un objet est plus faible sur la Lune que sur la Terre. 1 pt

❑ **a.** vrai ❑ **b.** faux

8 L'expression de la valeur du poids d'un objet de masse *m*, posé sur le sol terrestre est, avec *g* l'intensité de la pesanteur terrestre : 1 pt

❑ **a.** $\frac{m}{g}$ ❑ **b.** $m \times g$ ❑ **c.** $\frac{g}{m}$

9 L'intensité de la pesanteur est six fois plus faible sur la Lune que sur la Terre. La valeur du poids d'un objet de même masse sera donc 6 fois plus grande sur la Terre que sur la Lune. 1 pt

❑ **a.** vrai ❑ **b.** faux

Total : .... /10

Si besoin → **revoir les fiches 11 à 14.**

© Nathan 2017 – Mes Maxi Fiches ABC

Énergie et électricité

Plusieurs réponses possibles

Calculez votre score en additionnant les points obtenus

1 Nous avons besoin d'énergie pour : **1 pt**

❑ **a.** vivre ❑ **b.** nous déplacer ❑ **c.** nous chauffer

2 Le moteur électrique d'un scooter convertit de l'énergie électrique en énergie : **1 pt**

❑ **a.** thermique ❑ **b.** nucléaire ❑ **c.** cinétique

3 Le charbon est une source d'énergie : **1 pt**

❑ **a.** renouvelable ❑ **b.** non renouvelable ❑ **c.** illimitée

4 Si une lampe est dévissée dans un circuit en série, les autres lampes de ce circuit : **1 pt**

❑ **a.** restent allumées ❑ **b.** brillent plus fort ❑ **c.** ne fonctionnent plus

5 D'après la loi d'unicité des tensions : **1 pt**

❑ **a.** la tension entre les bornes de chaque dipôle en dérivation est la même
❑ **b.** la tension entre les bornes de chaque dipôle en série est la même
❑ **c.** l'intensité du courant électrique qui traverse chaque dipôle en dérivation est la même

6 D'après la loi d'Ohm, l'intensité du courant électrique qui traverse un conducteur ohmique est : **1 pt**

❑ **a.** proportionnelle à la tension aux bornes du conducteur ohmique
❑ **b.** proportionnelle à la résistance du conducteur ohmique
❑ **c.** inversement proportionnelle à la résistance du conducteur ohmique

7 Si on branche trop d'appareils électriques en dérivation, cela peut provoquer un incendie. **1 pt**

❑ **a.** vrai ❑ **b.** faux

8 De l'énergie thermique apparaît toujours lors d'une conversion d'énergie. **1 pt**

❑ **a.** vrai ❑ **b.** faux

9 L'énergie consommée par un appareil électrique de 10 W fonctionnant pendant 1 heure est égale à : **1 pt**

❑ **a.** 1 J ❑ **b.** 10 J ❑ **c.** 60 J
❑ **d.** 600 J ❑ **e.** 3 600 J ❑ **f.** 36 000 J

10 La puissance *P* d'un appareil électrique est égale à : **1 pt**

❑ **a.** $P = U/I$ ❑ **b.** $P = U \times I$ ❑ **c.** $P = R \times I$

Total : .... /10

Si besoin → revoir les fiches 15 à 19.

Des signaux pour observer et communiquer

Plusieurs réponses possibles

Calculez votre score en additionnant les points obtenus

1 Un promeneur peut regarder le Soleil se lever aux abords de l'océan, car : 1,5 pt

❑ **a.** la mer constitue une source primaire de lumière
❑ **b.** le Soleil est une source primaire de lumière
❑ **c.** les nuages sont des objets diffusants

2 La lumière visible par l'œil humain : 1,5 pt

❑ **a.** est une onde électromagnétique comme les rayons X utilisés en radiographie
❑ **b.** est une onde électromagnétique comme les infrasons
❑ **c.** ne se propage pas dans le vide
❑ **d.** ne se propage que dans le vide
❑ **e.** peut se propager dans le vide

3 La lumière se propage en ligne droite : 1,5 pt

❑ **a.** seulement dans le vide
❑ **b.** seulement dans l'air
❑ **c.** dans tous les milieux matériels
❑ **d.** dans tous les milieux transparents et homogènes

4 Les sons : 1,5 pt

❑ **a.** se propagent en ligne droite dans le vide
❑ **b.** peuvent se propager dans l'eau
❑ **c.** peuvent se propager dans l'air
❑ **d.** ne peuvent se propager que dans les milieux matériels

5 Les ultrasons sont : 1,5 pt

❑ **a.** de plus grande intensité sonore que les sons audibles
❑ **b.** de fréquence supérieure à celle des sons audibles
❑ **c.** de fréquence inférieure à celle des sons audibles
❑ **d.** inaudibles par l'oreille humaine, mais audibles par certains animaux

6 Lors d'un orage : 1,5 pt

❑ **a.** le bruit du tonnerre est une onde lumineuse
❑ **b.** le bruit du tonnerre parvient à un observateur avant la lumière de l'éclair
❑ **c.** le bruit du tonnerre et la lumière de l'éclair parviennent simultanément à un observateur
❑ **d.** la durée de propagation de la lumière entre l'éclair et un observateur est négligeable devant celle du son du tonnerre

7 La lumière et le son : 1 pt

❑ **a.** sont des phénomènes de même nature
❑ **b.** peuvent transporter des informations
❑ **c.** peuvent entraîner des risques dans certaines circonstances et pour certaines sources

Total : .... /10

Si besoin → **revoir les fiches 20 et 21.**

© Nathan 2017 – Mes Maxi Fiches ABC

SVT

La planète Terre

Plusieurs réponses possibles

Calculez votre score en additionnant les points obtenus

1 Le système solaire comporte : 1 pt

❑ **a.** des planètes rocheuses ❑ **b.** des astéroïdes ❑ **c.** des planètes gazeuses

2 La Terre est une planète : 1 pt

❑ **a.** parfaitement sphérique ❑ **b.** enflée aux pôles ❑ **c.** renflée à l'équateur

3 L'unité astronomique est la distance entre le Soleil et la planète la plus éloignée dans le système solaire. 1 pt

❑ **a.** vrai ❑ **b.** faux

4 L'énergie thermique dégagée par la Terre provient : 1 pt

❑ **a.** de l'énergie engendrée par la création de la Terre
❑ **b.** de réactions nucléaires qui ont lieu aujourd'hui sous la surface de la Terre
❑ **c.** des activités humaines

5 La lithosphère est : 1 pt

❑ **a.** formée par des roches en partie fondues ❑ **b.** solide et rigide
❑ **c.** découpée en quatre grandes plaques

6 Les plaques lithosphériques se déplacent grâce à : 1 pt

❑ **a.** l'asthénosphère qui est déformable
❑ **b.** des mouvements très lents des roches situées en dessous
❑ **c.** l'énergie thermique produite par la planète

7 Les mouvements des plaques lithosphériques : 1 pt

❑ **a.** entraînent à leurs frontières des séismes
❑ **b.** entraînent à leurs frontières des disparitions de chaînes de montagnes
❑ **c.** n'ont aucune conséquence

8 L'apparition de la vie sur Terre est datée d'environ : 1 pt

❑ **a.** 100 000 ans ❑ **b.** 4,5 milliards d'années ❑ **c.** 3,8 milliards d'années

9 Les temps géologiques sont découpés en dix ères de 200 millions d'années environ. 1 pt

❑ **a.** vrai ❑ **b.** faux

10 Les ères géologiques sont séparées par : 1 pt

❑ **a.** des extinctions massives d'espèces ❑ **b.** des apparitions massives d'espèces
❑ **c.** des avancées ou des retraits importants des océans

Total : .... /10

Si besoin → revoir les fiches 22 à 24.

Fiches d'évaluation

Environnement et action humaine

Plusieurs réponses possibles

Calculez votre score en additionnant les points obtenus

1 Le climat et la météo désignent le temps : 1 pt

❑ **a.** sur de longues périodes
❑ **b.** avec les mêmes grandeurs physiques
❑ **c.** sur des étendues différentes

2 Les zones climatiques actuelles ont toujours existé. 1 pt

❑ **a.** vrai ❑ **b.** faux

3 Les géologues reconstituent les climats du passé : 1 pt

❑ **a.** sur quelques siècles au maximum
❑ **b.** en étudiant les roches
❑ **c.** en étudiant les fossiles

4 Le changement climatique actuel : 1 pt

❑ **a.** modifie les températures
❑ **b.** modifie les précipitations
❑ **c.** est homogène partout sur la planète

5 Le réchauffement de l'atmosphère terrestre provient : 1 pt

❑ **a.** de l'effet de serre naturel
❑ **b.** de la présence de dioxyde de carbone
❑ **c.** de la présence des nuages

6 Les gaz suivants contribuent à l'effet de serre : 1 pt

❑ **a.** O_2 ❑ **b.** N_2 ❑ **c.** CO_2 ❑ **d.** H_2O vapeur

7 Les risques naturels peuvent être évités grâce à des mesures de protection. 1 pt

❑ **a.** vrai ❑ **b.** faux

8 Les ressources naturelles suivantes sont quasiment inépuisables : 1 pt

❑ **a.** réserves d'eau potable
❑ **b.** rayonnement solaire
❑ **c.** gaz naturel

9 La préservation des ressources naturelles nécessite : 1 pt

❑ **a.** des accords internationaux
❑ **b.** des comportements individuels
❑ **c.** des décisions nationales

10 L'agriculture biologique permet de préserver la fertilité des sols. 1 pt

❑ **a.** vrai ❑ **b.** faux

Total : .... /10

Si besoin → **revoir les fiches 25 à 28.**

© Nathan 2017 – Mes Maxi Fiches ABC

Fiches d'évaluation

Organisation du monde vivant

Plusieurs réponses possibles

Calculez votre score en additionnant les points obtenus

1 Un organe est constitué : 0,5 pt

❑ **a.** d'appareils ❑ **b.** de tissus ❑ **c.** de cellules

2 Les systèmes circulatoires des animaux permettent la distribution aux cellules : 1 pt

❑ **a.** d'eau ❑ **b.** de nutriments ❑ **c.** de dioxyde de carbone

3 Le système digestif des animaux est totalement stérile. 0,5 pt

❑ **a.** vrai ❑ **b.** faux

4 Les feuilles des végétaux permettent l'absorption : 1 pt

❑ **a.** de l'eau ❑ **b.** du dioxygène ❑ **c.** du dioxyde de carbone

5 La sève élaborée des végétaux contient : 1 pt

❑ **a.** de l'eau
❑ **b.** uniquement de l'eau et des minéraux
❑ **c.** du saccharose

6 Les organes producteurs de gamètes femelles sont : 1 pt

❑ **a.** les ovaires ❑ **b.** les étamines ❑ **c.** le pistil

7 Toutes les cellules d'un animal ou d'un végétal (à part les cellules sexuelles) possèdent des paires de chromosomes. 1 pt

❑ **a.** vrai ❑ **b.** faux

8 Lors de sa formation, chaque gamète reçoit : 1 pt

❑ **a.** les deux chromosomes de chaque paire
❑ **b.** un chromosome sur deux de chaque paire
❑ **c.** une paire de chromosomes sur deux

9 La fécondation est la fusion d'un ovule avec un ou plusieurs spermatozoïdes. 1 pt

❑ **a.** vrai ❑ **b.** faux

10 La cellule-œuf est : 1 pt

❑ **a.** une cellule contenue dans un œuf
❑ **b.** le résultat de la fécondation
❑ **c.** porteuse de paires de chromosomes

11 La répartition des chromosomes dans les gamètes est réalisée au hasard. 1 pt

❑ **a.** vrai ❑ **b.** faux

Total : .... /10

Si besoin → **revoir les fiches 29 à 31.**

Fiches d'évaluation

Évolution du monde vivant

Plusieurs réponses possibles

Calculez votre score en additionnant les points obtenus

1 La biodiversité est définie uniquement par le nombre total d'espèces vivantes sur Terre. 1 pt

❑ **a.** vrai ❑ **b.** faux

2 Un écosystème désigne : 1 pt

❑ **a.** un milieu de vie
❑ **b.** des êtres vivants
❑ **c.** un système sans intervention humaine

3 Le phénotype d'un organisme est : 1 pt

❑ **a.** l'ensemble des caractères observables de cet organisme
❑ **b.** l'ensemble des caractères anatomiques seulement de cet organisme
❑ **c.** le même pour tous les individus d'une espèce

4 Le génotype d'un individu désigne : 1 pt

❑ **a.** ses chromosomes ❑ **b.** ses gènes ❑ **c.** ses allèles

5 Le phénotype dépend : 1 pt

❑ **a.** parfois de l'environnement
❑ **b.** toujours de l'environnement
❑ **c.** jamais de l'environnement

6 Les mutations sont des changements au hasard des gènes. 1 pt

❑ **a.** vrai ❑ **b.** faux

7 La sélection naturelle : 1 pt

❑ **a.** modifie les individus
❑ **b.** conserve les individus les plus forts
❑ **c.** est un mécanisme de l'évolution des espèces

8 Tous les êtres vivants possèdent des caractères en commun, car : 1 pt

❑ **a.** ils ont un ancêtre commun
❑ **b.** c'est le hasard
❑ **c.** ils descendent les uns des autres

9 Un arbre de parenté permet de montrer les caractères partagés par différentes espèces. 1 pt

❑ **a.** vrai ❑ **b.** faux

10 Les singes sont les ancêtres des hommes. 1 pt

❑ **a.** vrai ❑ **b.** faux

Total : .... /10

Si besoin → **revoir les fiches 32 à 35.**

© Nathan 2017 – Mes Maxi Fiches ABC

Système nerveux, appareil digestif et activité physique

Plusieurs réponses possibles

Calculez votre score en additionnant les points obtenus

1 Le cerveau est organisé : 1 pt

❏ **a.** en zones spécialisées
❏ **b.** en plusieurs cortex superposés
❏ **c.** en réseaux de neurones

2 Les centres nerveux commandent les muscles grâce : 1 pt

❏ **a.** aux nerfs ❏ **b.** à la moelle épinière ❏ **c.** aux hormones

3 La fréquence cardiaque augmente automatiquement pendant un effort. 1 pt

❏ **a.** vrai ❏ **b.** faux

4 Une substance psychotrope : 1 pt

❏ **a.** est toujours artificielle
❏ **b.** modifie l'action cérébrale
❏ **c.** est toujours illégale

5 La consommation d'alcool entraîne une augmentation des risques d'accident, car elle modifie : 1 pt

❏ **a.** la motricité ❏ **b.** le jugement ❏ **c.** la perception visuelle

6 La digestion est la transformation mécanique des aliments. 1 pt

❏ **a.** vrai ❏ **b.** faux

7 Les cellules assimilent les nutriments. 1 pt

❏ **a.** vrai ❏ **b.** faux

8 Les nutriments issus de la digestion sont distribués : 1 pt

❏ **a.** à toutes les cellules
❏ **b.** uniquement à celles qui en ont besoin
❏ **c.** par le sang

9 Si les apports nutritifs sont supérieurs aux besoins, un être humain : 1 pt

❏ **a.** maigrit
❏ **b.** stocke l'excédent sous forme de réserves
❏ **c.** grossit

10 Pendant une activité sportive, il n'est pas utile de boire s'il ne fait pas chaud. 1 pt

❏ **a.** vrai ❏ **b.** faux

Total : .... /10

Si besoin → **revoir les fiches 36 à 38.**

Fiches d'évaluation

Immunité et procréation

Plusieurs réponses possibles

Calculez votre score en additionnant les points obtenus

1 Tous les microbes sont pathogènes. 0,5 pt

❏ **a.** vrai ❏ **b.** faux

2 Les globules blancs sont aussi appelés : 0,5 pt

❏ **a.** lymphocytes ❏ **b.** leucocytes ❏ **c.** blancocytes

3 Les lymphocytes B : 1 pt

❏ **a.** produisent des anticorps ❏ **b.** sont des leucocytes

❏ **c.** s'accrochent aux microbes

4 Les macrophages ingèrent les microbes reconnus par les anticorps. 1 pt

❏ **a.** vrai ❏ **b.** faux

5 La vaccination sert à : 1 pt

❏ **a.** injecter de nouveaux globules blancs

❏ **b.** stimuler les défenses immunitaires

❏ **c.** créer une mémoire immunitaire

6 Une hormone est une molécule : 1 pt

❏ **a.** libérée dans le sang ❏ **b.** qui agit sur tous les organes

❏ **c.** présente en grande quantité dans le sang

7 La production des ovules est continue comme celle des spermatozoïdes. 1 pt

❏ **a.** vrai ❏ **b.** faux

8 Les règles correspondent à : 1 pt

❏ **a.** l'implantation d'un embryon ❏ **b.** la destruction de la muqueuse utérine

❏ **c.** l'élimination de l'ovule non fécondé

9 Pendant la grossesse, le placenta filtre tous les éléments dangereux pour le fœtus. 1 pt

❏ **a.** vrai ❏ **b.** faux

10 Les pilules contraceptives : 1 pt

❏ **a.** empêchent l'implantation d'un embryon

❏ **b.** détruisent la muqueuse utérine

❏ **c.** détruisent les spermatozoïdes

11 La fécondation peut avoir lieu s'il y a un rapport sexuel non protégé : 1 pt

❏ **a.** quelques jours après les règles ❏ **b.** au milieu du cycle

❏ **c.** pendant la grossesse

Total : .... /10

Si besoin → revoir les fiches 39 à 41.

© Nathan 2017 – Mes Maxi Fiches ABC

Technologie

Design, innovation et créativité

Calculez votre score en additionnant les points obtenus

1 Les objets techniques et les services sont créés pour répondre à : 2 pts

❑ **a.** une question ❑ **b.** un besoin ❑ **c.** un utilisateur

2 Un garagiste produit : 2 pts

❑ **a.** des biens ❑ **b.** des services

3 Un projet peut être de nature très variée. Il suit plusieurs : 2 pts

❑ **a.** plannings ❑ **b.** solutions techniques ❑ **c.** étapes

4 Le processus de création de l'objet technique consiste à rechercher : 2 pts

❑ **a.** des fonctions techniques ❑ **b.** des solutions techniques

5 La veille technologique consiste à lister et comparer les solutions existantes. 2 pts

❑ **a.** vrai ❑ **b.** faux

Total : .... /10

Si besoin → **revoir les fiches 42 à 44.**

Objets techniques, services et changements induits dans la société

Calculez votre score en additionnant les points obtenus

1 Des objets répondant au même besoin sont de la même famille. 2 pts

❑ **a.** vrai ❑ **b.** faux

2 Des objets appartiennent à la même lignée si : 2 pts

❑ **a.** ils ne répondent pas au même besoin ❑ **b.** ils ont une forme identique

❑ **c.** ils utilisent le même principe technique pour répondre au besoin

3 Une rupture technologique est : 2 pts

❑ **a.** une petite évolution d'un objet ❑ **b.** la fin du cycle de vie de l'objet

❑ **c.** un grand changement qui rend l'objet plus performant

4 Pour évaluer l'impact écologique d'un produit, il faut prendre en compte cet impact lors de : 2 pts

❑ **a.** sa fabrication ❑ **b.** son utilisation

❑ **c.** toutes les étapes du cycle de vie

5 Le cycle de vie est : 2 pts

❑ **a.** identique pour tous les produits ❑ **b.** différent d'un produit à l'autre

Total : .... /10

Si besoin → **revoir les fiches 45 à 47.**

Structure et fonctionnement des objets et systèmes techniques

Calculez votre score en additionnant les points obtenus

1 **Les critères de choix d'une énergie pour un système peuvent être :** **2 pts**

❑ **a.** l'impact écologique ❑ **b.** la couleur de l'objet ❑ **c.** la forme de l'objet

2 **Une fonction technique est :** **2 pts**

❑ **a.** une fonction supplémentaire que l'on peut ajouter à un système
❑ **b.** une opération d'usinage réalisée par une machine
❑ **c.** un sous-ensemble qui a un rôle précis dans le fonctionnement d'un système

3 **Dans la famille des matériaux métalliques, on peut citer :** **2 pts**

❑ **a.** le papier ❑ **b.** le fer ❑ **c.** le carbone

4 **Dans une chaîne d'information, on retrouve l'opération :** **2 pts**

❑ **a.** Alimenter ❑ **b.** Acquérir ❑ **c.** Distribuer

5 **Dans une chaîne d'énergie, on retrouve l'opération :** **2 pts**

❑ **a.** Alimenter ❑ **b.** Acquérir ❑ **c.** Communiquer

Total : .... /10

Si besoin → revoir les fiches 48 à 50.

De la modélisation à la validation du prototype

Calculez votre score en additionnant les points obtenus

1 **Un plan est une représentation :** **2 pts**

❑ **a.** en 2 dimensions ❑ **b.** en 3 dimensions ❑ **c.** en 4 dimensions

2 **La surface d'une pièce s'exprime généralement en :** **2 pts**

❑ **a.** centilitres (cL) ❑ **b.** mètres cubes (m^3) ❑ **c.** mètres carrés (m^2)

3 **Un gabarit de contrôle permet de :** **2 pts**

❑ **a.** vérifier rapidement la conformité d'une pièce ❑ **b.** fabriquer une pièce
❑ **c.** corriger une pièce défectueuse

4 **La précision d'une règle graduée est de :** **2 pts**

❑ **a.** 1 à 2 mm ❑ **b.** 0,001 à 0,002 mm ❑ **c.** 0,01 à 0,02 mm

5 **Lorsqu'une pièce est conforme, elle peut être utilisée.** **2 pts**

❑ **a.** vrai ❑ **b.** faux

Total : .... /10

Si besoin → revoir les fiches 51 à 53.

© Nathan 2017 – Mes Maxi Fiches ABC

Fonctionnement d'un réseau informatique

Calculez votre score en additionnant les points obtenus

1 **Internet est le plus grand réseau du monde.** 2 pts

❑ **a.** vrai ❑ **b.** faux

2 **Un serveur est :** 2 pts

❑ **a.** un matériel d'interconnexion ❑ **b.** un navigateur Internet

❑ **c.** un ordinateur qui fournit un service

3 **Un ordinateur appelé client utilise le réseau pour accéder à des services fournis sur :** 2 pts

❑ **a.** un disque dur ❑ **b.** un serveur ❑ **c.** un autre client

4 **Le routage permet de sélectionner des chemins dans un réseau.** 2 pts

❑ **a.** vrai ❑ **b.** faux

5 **Un protocole de communication est :** 2 pts

❑ **a.** un logiciel de messagerie ❑ **b.** un ordinateur client

❑ **c.** un ensemble de règles à respecter

Total : .... /10

Si besoin → **revoir les fiches 54 à 56.**

Écriture, mise au point et exécution d'un programme

Calculez votre score en additionnant les points obtenus

1 **Un capteur acquiert :** 2 pts

❑ **a.** une représentation numérique ❑ **b.** des composants électroniques

❑ **c.** une grandeur physique

2 **Un signal logique peut prendre :** 2 pts

❑ **a.** 2 valeurs ❑ **b.** 10 valeurs ❑ **c.** une infinité de valeurs

3 **Le processeur est la partie d'une carte programmable qui :** 2 pts

❑ **a.** exécute des instructions ❑ **b.** stocke les informations

❑ **c.** alimente en énergie électrique les composants

4 **Un algorigramme permet de soustraire des informations.** 2 pts

❑ **a.** vrai ❑ **b.** faux

5 **Les variables sont les informations stockées et traitées par un programme.** 2 pts

❑ **a.** vrai ❑ **b.** faux

Total : .... /10

Si besoin → **revoir les fiches 57 à 59.**

Corrigés

Physique-Chimie

Constitution et états de la matière : 1c/2bc/3b/4b/5b/6b/7c/8ac/9c/10bc

Transformations chimiques : 1ac/2c/3b/4b/5bc/6b/7c/8ab/9b/10a

Organisation de la matière dans l'Univers : 1bc/2cde/3b/4ab/5a/6ac/7c/8c/9a/10b

Mouvement et interaction : 1bc/2ac/3ac/4b/5b/6b/7b/8b/9a

Énergie et électricité : 1abc/2ac/3b/4c/5a/6ac/7a/8a/9e/10b

Des signaux pour observer et communiquer : 1bc/2ae/3d/4bcd/5bd/6d/7bc

SVT

La planète Terre : 1abc/2c/3b/4ab/5b/6abc/7a/8c/9b/10a

Environnement et action humaine : 1bc/2b/3bc/4ab/5ab/6cd/7b/8b/9abc/10a

Organisation du monde vivant : 1bc/2ab/3b/4bc/5ac/6ac/7a/8b/9b/10bc/11a

Évolution du monde vivant : 1b/2ab/3a/4bc/5a/6a/7c/8a/9a/10b

Système nerveux, appareil digestif et activité physique : 1ac/2a/3b/4b/5abc/6b/7a/8ac/9bc/10b

Immunité et procréation : 1b/2b/3ab/4a/5c/6a/7b/8b/9b/10a/11ab

Technologie

Design, innovation et créativité : 1b/2b/3c/4b/5a

Objets techniques, services et changements induits dans la société : 1a/2c/3b/4c/5b

Structure et fonctionnement des objets et systèmes techniques : 1a/2c/3b/4b/5a

De la modélisation à la validation du prototype : 1a/2c/3a/4a/5a

Fonctionnement d'un réseau informatique : 1a/2c/3b/4a/5c

Écriture, mise au point et exécution d'un programme : 1c/2a/3a/4a/5a

N° d'éditeur : 10228948 – LINEALE – Février 2017

Imprimé en Italie par Bona Spa

© Nathan 2017 – Mes Maxi Fiches ABC